Mathieu Lindon

馬修・藍東——著

吳宗遠——譯

哲學家傅柯的公寓

Ce qu'aimer veut dire

Il faut du temps pour comprendre ce qu'aimer veut dire.

目錄

去老師家睡覺
——閱讀《哲學家傅柯的公寓》

紀大偉

「去老師家睡覺」這回事，我在留學的時候也做過幾次。

美國大學教授樂於出國度假或進修，比較有國際知名度的教授更樂此不疲。但是他們出國的時候，家屋要交給誰顧？這些老師固然可以把房子租給陌生人賺點現金，但為了放心，許多老師選擇將房子交給自己的研究所學生代管，只跟這些窮學生收象徵性的低廉房租，或是乾脆不收錢。幫老師「顧房子」的學生原則上，需要幫老師代收郵件包裹、每天在院子裡澆花早晚兩次（我這輩子最勤奮澆花的歲月，是在美國，而不是在台灣），餵養老師的貓狗等等。

關於睡覺這回事，不同老師跟不同學生各有不同默契：有些老師可能禁止學生在老師的屋子裡過夜，但我遇到的老師都鼓勵我直接在他們的主臥室大床睡覺。在學生時代，我向來節儉、膽小、羞怯——這些美德在我脫離學生身分之後逐一消失。當時，我選擇將全部家當搬到老師家（包含從台灣進口的三隻小狗——我在美國留學期間，從第三年開始就一直養狗，養到我回台灣）。這樣，我就可以跟原來房東解約，因而一個月省下一千元美金左右的租金。我的確在老師家過夜——但我都選擇睡在客房，而不是主臥室的床。跟老師共用同一條的白色床單，會讓我覺得太造次。

這些老師跟我，是否存有什麼奇特情結？老實說，我沒心情發揮綺想。我的心思都被「怎樣養狗，才不會惹老師不高興」這個問題盤據。

我當時對於自己的未來，沒有什麼想像力。我以為「見賢思齊」就好：我也希望將來成為大學老師，也要買有院子的房子，並且在院子裡養狗。我暑假出國度假的時候，就請我的研究所學生來我家睡覺，並且照顧狗。不過，這一整組如意算盤在二〇〇八年美國華爾街崩盤之後，煙消雲散。

《哲學家傅柯的公寓》（*Ce qu'aimer veut dire*，原文書名的意思大約是「愛，是什麼？」）這本書，就是「去老師家睡覺」的「自傳性小說」。書中主人翁幾乎就是這本書作者的化身（但是作者是否虛構某些生活細節，我們讀者無法查證）。書中的老師，如標題顯示，就是鼎鼎大名的同志哲學家米歇爾．傅柯（Michel Foucault）。書中幫米歇爾（也就是傅柯）顧房子的年輕男同志，名叫馬修．藍東（Mathieu Lindon）。在書裡書外，馬修．藍東宣稱他跟傅柯是忘年之交，但是兩人之間沒有發生過性關係（我們讀者無法查證，其實我也不關心）。我在看這本書的時候，一直想一個問題：馬修．藍東的人生，是否值得羨慕？他大半輩子活在兩個巨人的陰影之下。在傅柯（西方歷史上最富盛名的男同性戀者之一）底下，藍東摸索他的男同志情欲；在傑洛．藍東（Jérôme Lindon，「子夜出版社」的主持人）底下，他立志成為作家。既然傅柯的名聲廣為台灣讀者所知，並不需要我多做解釋，那麼我就轉而多聊一下「子夜」的威望。

「子夜」是全法國甚至全歐洲最具傳奇色彩的文學出版社之一。雖然傑洛．藍東不是「子夜」的創社元老，但是在他掌舵期間，「子夜」編輯過多位明星作家巨作：諾貝爾獎得主貝克特（《等待果陀》的作者，偏好住在法國、用法文寫作）；女同志理論名家維蒂格（Monique Wittig，《直的思維》作者）；法國新小說旗手霍格里耶（Alain Robbe-Grillet，二十年前曾經訪台）；另一位諾貝爾獎得主克勞德・西蒙（Claude Simon）；《情人》的作者莒哈絲（Marguerite Duras）；提出「場域論」；被台灣學界頻繁引用的布赫迪厄（Pierre Bourdieu）；鬼才哲學家德勒茲（Gilles Deleuze）。

《哲學家傅柯的公寓》透露出一種「虎父之下無犬子」的焦慮：既然老爸傑洛・藍東都跟世界級文豪往來，似乎也就不把自己的兒子馬修・藍東看在眼裡。這個老爸是否真的這樣看扁兒子，我們讀者難以確認；但是馬修・藍東擔憂被老爸瞧不起的焦慮，畢竟貫穿全書。幸好這個文青可以投靠另一個老爸：傅柯。妙的是，「子夜」的舵手雖然掌握法國文壇大半江山，卻偏偏跟傅柯不熟。

傅柯的家在巴黎，是公寓而不是美式花園洋房。敘述者馬修・藍東在傅柯家中從事多種情欲和身體的探險，其中最讓今日讀者側目的行為可能是藥物使用。馬修・藍東跟傅柯並不是「床友」而是「藥友」：他們有時候一起使用迷幻藥，有時候老人家休息而年輕人熬夜使用。有時候傅柯在演講場合勾引年輕男孩聽眾（勾引方式值得一記：原來傅柯演講的時候，台下聽眾會在講台上放錄音機，就像今日聽眾放錄音筆一樣，以便完整紀錄大師講課。有一次，傅柯就跟一個跑到講台放錄音機的男生搭訕），就帶回家給馬修・藍東一夥「壞男孩」調教：讓這些前輩教導新人用禁藥、談戀愛、搞頹廢。

二〇一七年，法國「紀錄片式劇情片」（看起來像是紀錄片，其實是劇情片）《BMP》（120 Beats Per Minute，指「每分鐘跳一百二十下」；在台灣通行的片名並非中文，而是「BMP」這三個字母）回顧了二十世紀末的法國愛滋運動，在歐洲和台灣都激發觀眾的感動與憤慨，廣受好評。我建議讀者將《哲學家傅柯的公寓》跟《BMP》合併一起看。《BMP》展示出一九九〇年代初期愛滋感染者和社運人士在巴黎的生老病死，但值得留意的是，《BMP》透露的絕望氣氛在一九八〇年代可能更加黑暗。感染愛滋的傅柯在一九八四年去世。在《哲學家傅柯的公寓》的種種藝術貢獻中，最讓我震撼的一種就是它對於傅柯去世前後眾生相的描繪，像是一連串快速間接的蒙太奇畫面。傅柯的死亡來得太急，周圍親友（包括這本書敘述者）都來不及反應，只能在驚詫之際收拾殘局。

「去老師家睡覺」這個題目也暗示了另一個可能：「回爸爸家睡覺」。這裡的爸爸家，並不是期待浪子（本書敘述者）回頭的原生家庭，因為本書敘述者感嘆，在愛滋風暴之後，他的親生爸爸並沒有用文壇大老的高度完全接受同性戀兒子。這裡的爸爸家，其實還是傅柯的家：傅柯是敘述者精神上的父親。傅柯過世越久，小說敘述者就更深切感受他的「另類家庭」、「多元家庭」是由許多傅柯調教出來的同志人士共同組成的。如果傅柯沒有無心插柳建立起一個「另類愛情」（被主流社會拒絕承認的愛情）的家族，那麼小說主人翁恐怕無家可歸。

本文作者為政治大學台灣文學研究所副教授，《同志文學史》作者

災難少年時

楊凱麟

「那個房間」我曾經走進去一次。那天的空氣好乾淨透明，陽光像是一大塊凝固的光柱，從落地窗橫伸進來，我的耳朵裡傳來自己腳下細碎的沙沙聲響，彷彿是走在一片玻璃上，由深谷中仰起頭望著自己的腳底顫巍巍地滑動在山林之巔。彷彿，我至今所歷經的漫漫人生，過去的那些曲折與頓挫都只是為了最終能夠很迂迴謙卑地在生命中的某一個時刻踏入「那個房間」，然後，我不知道，或許就能深深吸一口氣，聳聳肩，勇敢地對自己說，嗨，讓我們再重新來過吧。

僅僅一次。

然而，房間裡已杳無人跡，桌上散亂的幾十本書積著細細的塵土，我已經遲到了廿年。

那是米歇爾・傅柯的房間。

傅柯，像一個永不消散的幽靈，纏祟這本滿滿書寫著迷幻藥、同性愛與最基進哲學、小說、電影、音樂的「成長小說」。

一切煙塵、聲響與閃光圍繞著巴黎第十五區的沃日拉爾路（Rue de Vaugirard），像是一場巨大而隆重的世紀風暴，而風暴之眼，正是傅柯的公寓。

然而，小鎮已空無一人，我化成一根鹽柱，對著深鎖的巨大鐵門不知多久。蟲聲啾啾，落在水藻鑄紋已銹蝕黝黑的門上，這道門像是一個固執的巨人，在夏日的午後擋住我的去路！

門後，就是城堡。

是的，附近人家都這麼稱呼它，一座石砌的十八世紀龐然老宅，有著森然的巨木森林與自家豐饒的葡萄園。

隔著這道無法穿透的鐵門，撥開層層瓣瓣的門扇，最內裡會有一個房間，傅柯仍然安靜地坐在那裡翻讀著手上的一本書，偶爾拾起桌上的鋼筆沙沙寫著他的最後一部著作。

他並不知道自己會這麼早就撒手而去，死亡來得迅速、唐突而不可理解，正如他在一本名著中所說的，死亡，最終將成為每個人「抒情的核心，不可見的真理與可見的祕密」。在他死前六年，年輕的馬修‧藍東（Mathieu Lindon, 1955-）自由自在地進出於他的巴黎公寓。這個俊美的年輕人同時面對著困難的父子關係，充滿靈感的創作，挫折卻激烈的情愛，嗑藥的恍惚與思緒勃發。時代在發光，生命如繁花怒放，馬修有著一整個由法國天才世代所陪襯的「災難少年時」（adolescence désastreuse）。

《哲學家傅柯的公寓》贏得了二〇一一年梅迪西獎（prix Médicis）時，傅柯已辭世二十七年，當年鮮衣怒馬的巴黎青年也早已年過半百。這本書成為藍東的《追憶似水年華》，但書中的連續死亡場景，卻使得本書更像是夏多布里昂（François-René de Chateaubriand, 1768-1848）在死前寫下的《墓中回憶錄》（*Les Mémoires d'outre-tombe*）。

城堡旁的一棟石砌房子突然打開了門，一對老夫婦探出頭來，友善地問，你想看他的房間對不對？

老太太從口袋裡找出一把巨大的鑄鐵鑰匙，很輕鬆地轉開那扇大門，一棟漂亮安靜的老屋剎然聳立於眼前。門為我重新打開了，我跟隨在老太太身後，小心翼翼踩穩每一步，感受著鞋底下每一顆細小卵石所回饋給我的微小呼喊，努力地將每一枚腳印都再串連成日後對這個時空的永恆回憶，像是走進一間擺滿玻璃器物的窄小商店，將身體各處都好好地縮成最小一丸，好奇無比卻心驚膽跳。

「我與米歇爾分享他的公寓，形成一段非常特殊的時空經驗。有時，未經思考，我感覺自己接下來，再也無法與人保持如此深刻的連結了。」藍東在書裡這麼寫道。他是鼎鼎大名的「子夜出版社」老闆兒子，這家出版社在一九七〇年代扶植了貝克特、霍格里耶、莒哈絲、巴塔伊（Georges Bataille, 1897-1962）、西蒙等作家，同時也是德勒茲、德希達（Jacques Derrida, 1930-2004）、布朗修（Maurice Blanchot, 1907-2003）與許多哲學家的專屬出版社。在法國哲學與文學的黃金年代裡處身於各種天才父執輩中，藍東自然有著許多令人羨豔的成長經驗。年輕的他在傅柯生前的最後時光中，穿梭於他謎樣的光影明滅。那正是他公開宣布要寫出一套六巨冊《性史》後的全部歲月，藍東像是踏入當代思想最神祕的黑暗之心，以最鮮活自由的年輕時光分潤著傅柯生命的最後切面。

這並不是第一本攤展傅柯私密生命的書，在這之前，已有著吉伯（Hervé Guibert, 1955-1991）的《給那沒有救我的朋友》（*A l'ami qui ne m'a pas sauvé la vie*, 1990）與沃維切勒（Thierry Voeltzel, 1955-）的《二十歲及之後》（*Vingt ans et après*, 1978），當然，還可以包括曾讓法國知識界勃然大怒的《傅柯的生死愛欲》（James Miller, *The Passion of Michel Foucault*, 1993）。

我們走進大屋裡那個房間，兩個老人很熟練地推開每一扇木窗板，陽光於是一片一片地重新刷亮了幽暗的室內，書桌，沙發，地毯，洗手槽，書架上一本一本壘壘的書，像是被重新接上電流，逐一螢亮了起來。我感到圓睜的兩顆眼球裡燃起火苗，想從顱腔裡跳出來與這個房間的每一粒細小塵埃一起飛舞。我走近牆邊，偷偷撫觸著書架上某一本書的書脊，指尖貪婪地吞食著書皮上參差的觸感。

「這裡保留了他最後一日使用的狀態。」老太太慈愛地對著我說，在她清澈的雙眼深處，倒映著傅柯幼年時的模樣。

老夫妻是大宅的園丁，我向他們道了謝，隨手拍了一張照片，老先生從園子裡溫柔地摘下一串葡萄，這是給你的，他輕輕地說。

「我認為我們都將消逝：首先因為我們內裡並沒有活著的理由；再者因為我們開始與結束的時代本身，也沒有給我們活著的理由。」夏多布里昂這麼說著屬於自己的時代，即使那將是屬於我，們，自，己，的唯一一次機會。而寫作，則讓這亙古的唯一一次翻轉為永恆。

骰子一擲……

一年後，我要跟法國告別了，所有家當打包送出後我搭著高鐵再度來到小鎮，敲敲那扇木門。老太太探出頭來，時光彷彿不曾前進，我從背包裡翻出老夫妻的合照，倆人並肩，深情而靦腆地望著鏡頭，陽光由相片裡滿溢出來。

太太，這是送給您們的禮物。

眼淚立刻由老太太眼裡奪眶而出。

他走了。現在只有我一人了。

幾乎同時地，我的眼前亦模糊起來。

「你是唯一一個真的再回來看我們的人。」老太太感傷地說。

那天下午，小鎮一逕安靜，卻是我倆所擁有的美好回憶。

臨走前，我看到鎖在重重大門之後的城堡在夕陽裡散發著恬美的光暈。我突然想起，台灣出版的《知識的考掘》（*L'Archéologie du Savoir*, 1969）就一直靜靜躺在傅柯書桌散落的幾本書之中。

本文作者為臺北藝術大學藝術跨域研究所教授

熱淚盈眶・Les larmes aux yeux

在找尋一本書的途中，我卻意外遇到另外一本——有哪一位讀者，甚至是作者沒有遇過這種經驗呢？

為了確認一條文法慣例，而去翻找文法書，我卻意外被一本美國女作家維拉・凱瑟（Willa Carther, 1873-1947）的英語散文集[1]所吸引。一個世紀前，有人從紐約的一家書店購入了這本散文集，後來輾轉到了我手中，而我卻從未讀過。我喜愛她作品中的溫柔，那在人生與不假修飾的暴力衝突時，所流露出的豁達，常使我熱淚盈眶。但是這份註定要「超過四十年」[2]才被讀到的文集，並非是虛構的作品，其中一篇是關於托瑪斯・曼（Thomas Mann, 1875-1955）的作品《約瑟夫和他的兄弟們》（*Joseph und seine Brüder*, 1933-1943），還有一篇則是關於凱瑟琳・曼斯菲爾德（Katherine Mansfield, 1888-1923）。這些篇章都使我興味盎然，但自買來之後，我卻從來沒有瞥過它一眼。

該文集第一篇的標題是〈一場意外的邂逅〉（A Chance Meeting），我讀完後，認為法語若是能譯為〈一場幸運的邂逅〉（Une rencontre de fortune），應該會更為貼切。而文章開頭第一句毫不起眼的話，卻深深攫住了我：「故事發生於艾克斯雷班市[3]，世上最為舒服愜意的地方之一。」之後，我便一字一句、小心翼翼地讀完。文中時間開始於一九三〇年八月，維拉當時五十三歲，正沿著艾克斯大飯店（Grand Hôtel）的樓梯走下樓，偕著一位親密伴侶。因為英語的文法限制，文中並未明確指出該名伴侶的性別，但我推測同為女性，爾後其傳記證實了我的推測。這位作家的伴侶，名為伊狄絲．路易士（Edith Lewis, 1882-1972）。同時居住在該飯店的，有位法國老嫗，外表看起來至少八十多歲。她總是獨自用餐，並在用完餐後就立刻上樓回房。她幾乎足不出戶，除了由一名司機不時載她出門去聽歌劇外。

一天晚上，由於沒有歌劇可聽，她便在酒店大廳抽起了菸，並向維拉搭起話來。她向維拉提議，可否來練練她這些年來疏於練習、早已大不如前的英語。她住在安提伯鎮[4]，卻因酷愛艾克斯雷班當地的音樂風氣而來此小住，並向維拉聊起

譯註

1 根據作者的描述，應是小說家維拉出版於一九三六的散文集《不下四十歲》（*Not Under Forty*）。

2 語出該書的書名《不下四十歲》。

3 艾克斯雷班（Aix-les-Bains），乃法國東邊接近瑞士的城鎮，位於奧凡涅．隆河．阿爾卑斯大區（Auvergne-Rhône-Alpes），隸屬於薩瓦省（Savoie）。其依傍著法國國內最大的天然冰河湖，為著名的溫泉旅遊勝地。

4 安提伯鎮（Antibes）位於法國東南方，蔚藍海岸畔，緊鄰著著名的城市—尼斯。該鎮以其海灘、遊艇港以及畢卡索博物館著名。

了華格納（Richard Wagner, 1813-1883）與法朗克（César Franck, 1822-1890）[5]。過了幾天，維拉與她的伴侶又遇到了這位八旬人瑞。然後她們聊起蘇維埃革命，伊狄絲表達了她的看法，為那些偉大的俄國作家，諸如果戈里（Nicolas Gogol, 1809-1852）、托爾斯泰（Leo Tolstoy, 1828-1910）、屠格涅夫（Ivan Tourgueniev, 1818-1883）等人，不能在有生之年，親眼目睹這場革命而感到可惜。

「啊，是了，」那位老媼沉吟道，「特別是屠格涅夫，倘若他那時仍在世，必會覺得這場革命非常糟糕。我以前和他很熟。」

維拉寫到，她當時非常震驚，但隨即想想，其實並非不可能。眼前這位婦人如此年邁，絕對老到足以認得屠格涅夫，即使她是維拉所認得的第一位這麼自稱的人。老婦人微微一笑，繼續說道，她在小時候時常見到屠格涅夫，因為屠格涅夫是她舅舅的摯友，並曾為他修改過《浮士德》（*Faust*）的翻譯[6]。此外，維拉記載到，當這位老婦人講到屠格涅夫時，變得更加興奮，她的聲音變得更加熱情，眼神矍鑠，並繼續說道：

「我母親在我出生時便去世了。我則由舅舅扶養長大。我舅舅也是位文學家。古斯塔夫・福樓拜（Gustave Flaubert, 1821-1880），我想妳們應該認得，應該……」

維拉注意到她在吐出最後一個字時，語氣有些怪怪的。好像覺得自己洩漏了什麼天大的祕密一般。待她們須臾回神之後，卻驚訝地發現，眼前這位老嫗，正是《給外甥女卡洛琳的信箋》（*Lettres à sa nièce Caroline*, 1906）中的那位「卡蘿」（Caro，卡洛琳的暱稱）！該信箋集正是讓福樓拜大受好評的傑作，維拉自然早就拜讀過了。而當下，維拉大為震驚，彷彿被歷史的冰山狠狠撞了一下，彷彿整個十九世紀的法國文學史，突然變得如斯靠近，如斯唾手可得。

我愛極了維拉的作品，她筆下人物的所思與所為，處處流露著善意與高貴的氣質。她是我所知的唯一一位，能與十九世紀的奧地利作家阿達伯特·史迪夫特（Adalbert Stifter, 1805-1868）相提並論的作家。兩人筆下的主角們，總是

譯註

5 法國浪漫樂派作曲家、管風琴家。

6 「我很喜歡德文，也愛看德文的經典著作，因此曾玩票性質的翻譯過《浮士德》，而屠格涅夫讀過我的翻譯，並且幫我改正。」以上由卡洛琳轉述福樓拜的話，摘自維拉．凱瑟的〈相遇〉（Une rencontre）一文，刊載於《福樓拜的友人》（*Les amis de Flaubert*）一九七四年的第四十四期。此份刊物由《福樓拜的友人》協會出版（Association des amis de Flaubert），出版地為諾曼第大省（Normandie）的夸賽鎮（Croisset），也是福樓拜家族老屋所在地。

為了觸及真相，而努力不懈。在我讀著維拉與這位名為卡洛琳．佛蘭克林．格魯（Caroline Franklin-Grout, 1846-1931）的老婦人的邂逅時，也為維拉本人也具備了與其筆下角色相仿的特質，而眼界大開。福樓拜從來就是我心頭所愛，我也熱中於了解他的生平與交遊。他在信中，也以實際行動，表現出對這位自出生便失怙的外甥女的深厚感情。然而因為她後來嫁給一位素行不良的男子，或多或少導致了福樓拜的破產，也讓這位大作家總是得不斷為外甥女的事操心，而龔固爾兄弟（les Goncourt）[7]也曾談論這位外甥女的諸多醜事，因此過去我總認為，卡洛琳是福樓拜人生的拖油瓶，是他生命中多餘的掃把星，搞砸了我原先以為一帆風順的福樓拜的生平。

但恰好相反，親自見到這位老婦人後，維拉得以用完全相反的觀點，重新解讀了這事。她認為，福樓拜意圖教育自己外甥女那「對知性事物的品味」，是完全成功的。這位八旬老嫗早在一九三〇年就已讀過普魯斯特（Marcel Proust, 1871-1922），雖然她覺得其作品「過於艱澀且讓人疲勞」。她也熱愛作曲家拉威爾（Maurice Ravel, 1875-1937）、史克里亞賓（Alexandre Scriabine, 1872-1915）與史特拉汶斯基（Igor Stravinsky, 1882-1971），她的容顏更在聆聽歌劇時，變得更加年輕……。當然，令福樓拜最為欣慰的，就是有位自己所深愛的家人，能全然理解他的作品與思想。「還有什麼事，能比這更讓一名文學家高興的呢？有多少作家，能在他的子女間，找到一對懂得聆聽的耳朵？」維拉引述一段福樓拜寫給卡洛琳的信，其中的話，她認為用來形容眼前的老婦人，依然十分貼切：「多留意拼寫，對妳沒有害處的。我的小親親！因為妳寫 aplomb 一字，卻用了兩個 p：道德與物理皆為求恆定（Moral et physique sont d'applomb.）[8]。妳何不乾脆拼三個 p 算了？這樣不就更有活力嗎？不過這樣的拼字錯誤，讓我看了很開心，因為妳就是這麼充滿活力。」維拉寫道，對福樓拜來說，卡洛琳不僅僅是相伴一生的忘年之交，更是視為己出來疼愛與守護的女兒。而卡洛琳不僅一輩子相伴舅舅左右，更在他臨終之際隨侍在側，替他拭去額頭上因病痛而滲出的汗珠。

書本總是保護著我。我蜷曲其中，感到無比安全，恍若居處於另一個宇宙

譯註

7 艾德蒙．龔固爾（Edmond de Goncourt, 1822-1896）與儒勒．龔固爾（Jules de Goncourt, 1830-1870），法國小說家，艾德蒙去世後將遺產捐出成立龔固爾學院，該學院承辦了法語世界最重要的文學獎，也就是法國文學的最高榮譽——龔固爾獎（Prix Goncourt）。

8 原文詳實記載卡蘿的拼寫錯誤，應為 d'aplomb，僅一個 p。因此她的舅舅與她開玩笑。

裡，與現實世界完全斷絕往來。然而，我亦有另一種矛盾的感受——雖然書中內容沒有什麼能真的觸碰到我，我卻矛盾地，被書中的情節病態地擺弄著——我是文字中過剩情感的受害者。然而那些強迫人接受的情感，伸長了指甲，戳進我的肉裡，卻是虛張聲勢，反倒害怕與我接觸，彷彿後指甲方的指頭太過脆弱，承受不住一丁點的接觸。同樣以指甲摳翻著書頁的我，卻反倒開心於不斷地被拍擊翻湧，渾然忘我。

當我讀到這段與福樓拜相關的邂逅時，雙眼不禁盈滿淚水，一種略顯浮誇的情感，向我襲來。因為我同時在維拉與卡洛琳身上，看到了自己的影子。在她們的邂逅中，我感受到與自己相似的情況。我父親是山謬．貝克特（Samuel Beckett, 1906-1989）、阿蘭．霍格里耶（Alain Robbe-Grillet, 1922-2008）、克勞德．西蒙（Claude Simon, 1913-2005）、瑪格麗特．莒哈絲（Marguerite Duras, 1914-1996）、霍貝赫．班傑（Robert Pinget, 1919-1997）、皮耶．布赫迪厄（Pierre Bourdieu, 1930-2002）與吉勒．德勒茲（Gilles Deleuze, 1925-1995）等人的編輯。我自己亦與幾位聲名卓著的作家熟識。當我仍與父母同住時，有一天，父親問我是否還在寫日記。這與其說是詢問，倒不如說是請求。不！出於自負，我當然沒寫了，而父親應該不會不知道此事。我當時決定要開始動筆，與其說是出自自己洋溢的才華，倒不如說是被作家身上，那些我永遠沒榮幸知曉的主題而激起記述的興趣。但我覺得太過輕而易舉，便放棄了。父親肯定是想拉我一把，讓我在人生的路上更加順遂，且不擔心我對於此事的決心。甚至可以肯定，若哪天我真的寫了一本如維拉般，記載文學軼事的書，並向他正式提交，如同尋常的作者對編輯那樣，他肯定會拋下那些不愉快，正經以待。但在那個當口，我是如此驚訝於他的問題，因為我一直覺得，他一點兒也不想我去揭露那些作家的訊息。直到今天，與其說是主動爆料，我比較像是口風不緊。事過境遷，父親已然逝去，這些年來，我認為這其中仍有些最起碼的寬容度，或者說一種使命，去寫一本談論這些載譽四方的作家的書，以饗讀者。但我始終找不到合適的口吻，也不知道該怎麼架構這樣的書，不知道什麼該說，或者，什麼不該說。

老實說，我身邊算得上親近的大作家，僅僅只有米歇爾．傅柯（Michel Foucault, 1926-1984）一人而已，父親則與他完全不熟。我與米歇爾相識共六年，直到他去世為止，甚至，我曾在他的公寓裡住過整整一年。今日看來，那些時光著實改變了我的人生，使我遠離自毀命運的轉捩點。我暗自感謝米歇爾，但在美好的生活裡，反倒不知道該感謝什麼。感謝是一種柔軟到難以承受的情感，難以承受到必須逼著自己寫出一本書，才足堪表達謝忱。然而，這也同時是唯一可能損及其名譽的作為。無論我故事中的角色，表現出怎樣特殊的人格特質，都是文明當中，每個人都該面對的一件事：父愛總是使兒子難以承受。而必須要等其他人向兒子在其他地方展現過後，兒子才知道正是這份愛，造就了現在的自己。要理解所謂「愛」為何物，就必須以時間做為代價。

回到先前的故事。維拉又談到，卡洛琳有感於到了她這年紀，未來變得不確定，於是邀請維拉下回到安提伯鎮來旅遊，並提議寄一些紀念品，來紀念她們的相遇，例如——一封福樓拜的親筆信。維拉回答道自己並非收藏家，故這種原始真跡對她而言，並沒有太大意義。然後維拉花了一點時間，才告別了這位八旬老婦。這位結過兩次婚的老婦人，卻從未提及過她的丈夫，彷彿她舅舅，就是她生命中唯一且算得上數的人。隔年十一月，在新罕布夏州（New Hampshire），維拉接到這位格魯夫人的來信。信到手上時狀況十分糟糕，不但已被打開，還支離破碎。信上註明由一家位於巴黎小路上，名不見經傳的「書商」轉寄。而信裡提及，在這家書商處，她找到維拉其中一部作品，也興起了給她寫信的念頭。

維拉尋思到，所謂的「書商」，指的應該就是出版社。除此之外，信封裡並無其他東西，但卡洛琳在信的備註說，這封信裡夾有一封福樓拜在一八六六年寫給喬治・桑（George Sand, 1804-1876）[9]的信。這封親筆信顯然是遺失了。維拉費了好一段時間，才擬好一封避免傷及她筆友的回信，並在次月寄出。回信寫道，卡洛琳希望她保有舅舅的信的心意，對維拉而言，比持有信件本身更加有意義。然而維拉卻再也沒收到老婦人的回音。直到次年二月，礙於英文文法、而不知性別的友人，自巴黎來信告知，格魯夫人已然下葬。維拉寫道，「這位女士，即便已經如此年紀，卻總是精神飽滿，保有智慧與永遠掛著微笑的好修養。」

我也是不太看重原始真跡的那類人，除了一幅。若非是從中獲得米歇爾的意志，治癒了我，我也不至於珍惜這幅手稿到如此地步。我不搞偶像崇拜，即便是米歇爾也不例外。我喜歡與他交談，卻不盡然聊他的著作。身為一名記者，為免使他們感覺厭煩，我被訓練過與作家交談時，不要只專注在他們的作品上，也同時不去與父親的擅長領域重疊。老實說，對他們而言，與父親合作簡單明瞭，

譯註

9 法國傳奇女作家，以男性化的名字為筆名。

與我合作卻是苦差。事實上，我也沒有什麼針對作家個人的問題好問，若我真的向他們提出什麼問題，也都是發自我本人閱讀後的崇拜熱情。這樣的訪談任務太過艱鉅，大多數的時候，我都用良好的教養，在混雜著服從、慵懶、鬆散的狀況下，放棄追問。在與米歇爾交談時，我對那些解決世界的大哉問，一點也不感興趣，也不用做什麼紀錄備忘。僅僅與他聊著自己的私事，然而，他卻認真看待這些私事，彷彿是世界上最重大的問題一般。有時，生活本身就值得我們仔細審視。

父親非常有競爭精神，他的好鬥個性也展現在他的人際關係上。他常常聊起在出版社工作的精采經歷，向我說自己經常或者幾乎孤身一人，來對抗整個世界。在他死後，我從好幾個管道得知，我的祖父當年曾給予尚自年輕的父親諸多幫助，特別是拜祖父之賜，讓傑洛[10]得以成為編輯。若沒有家庭的相關背景，要選擇這樣的職業，我覺得實在是勇氣十足。一方面是因為父親擁有的淵博知識，讓其得以勝任，另一方面，則歸因於祖父對父親的愛，而這令我十分感動。然而從父親那廂得到的描述，卻讓我悲傷地覺得，時至今日，這些描述限制了我與祖父的連結，好像害怕祖父會直接跨過與他的連結，和我直接溝通一般。因為這些描述，使我對祖父的感情有所保留，認為他曾在父親需要時，拒絕盡力支持他。然而，就算祖父真的曾這麼做，並且在他去世後，效應還延續了十幾年，我如今卻再也無法扭轉自己對祖父的感情。

「我從未遇過如此智慧與寬容之人——這絕非巧合。」在迷惘的那些年，我經常做著白日夢，活在一個個浮想聯翩的故事中，而這句話就是故事中的轉折。我想像一個青少年、一個小伙子，迷失在自己的乖戾性格中，在感化院中或在監獄裡，遇到一個人，指點他該歸屬何處。那人或許是其中的犯人，或者是另外一名遭遺棄的孤兒。而在他的影響下，這個孩子離開這裡，用這一句話描述他的遭遇，描述那個人如何改變了他的命運，帶領他遠離怨懟，建構更加平和的新人生。如同一場再造，只是沒那麼如《悲慘世界》（*Les misérables*, 1862）中的米里哀主教（Mgr Myriel）或尚萬強（Jean Valjean）[11]那樣戲劇化。浮想聯翩地，我幻想著成為那乘載善意的器皿，做了十多年白日夢，終於發現自己正是故事中那個

譯註

10 指作者的父親傑洛．藍東（Jérôme Lindon）。

11 在雨果（Victor Hugo, 1802-1885）的知名小說《悲慘世界》中，米里哀主教以自身的高潔人格與引導，帶領尚萬強改過向善，重新找到人生的方向。

孩子。而米歇爾，正是帶領我走向新生活的那人。

父親敬愛貝克特，是他在成人世界的摯友。彷彿除了他，父親誰也不愛，誰也不尊敬。他向我告知貝克特死訊的那天——他必須保密這則消息，直到貝克特下葬——他在用完午餐，陪我到大門時，才向我透露。我盡可能簡短表達了哀悼之意，而他帶著哀戚的微笑，回答我說，他知道我們都對這樣的狀況同悲，並提到如米歇爾去世那時一樣[12]。知道他極度崇敬貝克特，更知曉他們之間的關係，或許，這是他人生中唯一一段友誼了。我為這樣的深厚情誼而動容。為了不要把話憋在心裡，我立刻回答，我與米歇爾的友情，才不過六年（而他與貝克特，則維持了四十餘年），因此可能說服力不太足夠，但比起過早因為死亡而中斷友誼，或許與好友相伴一生，如今看來，更加令人悲傷。父親只是苦澀笑著，沒有搭話。聊聊其他事。又過了十餘年，當父親在工作上遇到了新的難題時，他嘆道，

時間，這個我們一度視為盟友的東西，現在則成了敵人。

這令我想起阿蘭·霍格里耶，曾引用古希臘劇作家索發克里斯（Sophocle,

495 B.C.-406 B.C.）的一段話，

時間，看顧著一切，給予一切解答，不管你是否滿意。

以上見於他的作品《橡皮》（*Les Gommes*, 1953）中，其中一段刻在橡皮上的文句。這本書對我們家這位「總編輯先生」的職業生涯，意義非凡，在我小時候，也曾聽過霍格里耶親口這麼叫他。我想起這句話時，思及的不僅是父親的專業領域，也擴及至他的人生。然而，我當時並不知道，父親只剩沒幾個月好活了。

一天下午，我去探望他，在他的床榻邊陪他說話。父親當時雖然神智清醒，卻已經臥病數月，後來，他也在這張床上與世長辭。他說要我不要再待在他的病榻邊了，不要放著自己的事不做。我拒絕他，並爭辯道，對我來說，其他的事都不算什麼，我反倒很開心能待在這。他又露出了他那招牌的害羞微笑，每次他靦腆地接受別人的誇讚或善意時，就會露出這個笑容。

——譯註——

12 傅柯於一九八四年去世，而貝克特則是一九八九年。

「因為我愛你。」我倔強地說道，硬擠出了這幾個字。

我其實很開心自己能夠坦白。在一旁母親與妹妹，聽見了我這麼說，彷彿突然驚覺時候到了一般，紛紛來到床榻前，向父親說道，「我愛你。」

這樣的情感表達，無論在何種環境下，都不太像個尋常的家庭。當這句話從我口中自然流瀉而出時，也是我第一次向父親表達情感；同時，接在我的話後，其他家人所講出同一句話，讓我感覺她們已六神無主。無論如何，都讓我侷促不安，使我不得不在隨後就離開父親的公寓，而這正巧違背了我方才在病榻旁的宣誓。客觀來說，母親與妹妹的舉動，並不至於造成我如斯的感受。即便這樣累加的情緒，彷彿觸了霉頭，對死亡的忌諱失去拿捏。但繼續細思下去，也可以想像，正是我的話語導致了這死亡。再說了，我絲毫也沒有企圖，讓自己對父親的愛，超過我的母親與妹妹——我們是不同的，而且看起來我對父親的愛，還遠遠少於她們——我亦不認為這是出於忌妒，才導致我苦惱不安。無論如何，這份感覺就在那兒。

我無疑有莽撞之處。父親生前給每個人都寫了封遺書。妹妹在他離世的那晚，將屬於我的那封交給我——父親早在五年前，就將給我的份寫完了：

在巴黎市郊的安博瓦斯巴赫醫院，在我父親去世的前幾天，我與他在病房獨處。我想要謝謝他，為了他自我呱呱墜地以來，曾給過我的一切。我一直都明白，自己或多或少還有著劣根性，而我虧欠他為養育我，教育我，並給予我面對接下來人生的機會時，所付出的一切。正是他，是的，他是我首先要感謝的人。然而當下，在第一次碰觸到這麼私密的話題時，我卻什麼也說不出口。我擔心自己看起來，即便在他臨終的時刻，還只顧著表達自己的情感——他當時恐怕也不知自己大限已近，但我懷疑，他其實心裡有數——我自始至終保持沉默，卻一點兒也不感到後悔：在他嚥下最後一口氣的時候，難不成還要回應我的感謝嗎？然而當思及我這份心聲時，我想到要寫給信你，我的兒子，在一切都太遲之前。當你讀到這封信時，我恐怕已不在這世上了，但你還有許多年要活。同時，那份我沒能向我父親表達的謝意，你也可以將你的那份深埋心底。

我頓時熱淚盈眶。現在，僅僅是抄錄這些字句，眼淚還是止不住地湧出。在他去世的前幾週，我沒來得及說，他肯定也不知道，就是無論他對感情的保守，抑或是我自認被全世界討厭的那股頹廢勁兒，都未曾阻隔，未曾讓我感覺從他那裡得到的愛有一絲一毫地缺少。我很確定這點。當我對他直截了當地說「我愛你」時，我僅只是重複了一齣每個世代都會發生的家庭場景，比起他，確實少了些許分寸。但還好有貝克特與米歇爾，他們時不時出沒在我與父親的這段情感連結中，化解不少尷尬。之所以提到貝克特，是因為他是父親眼中「我有幸遇見接下來事物的理由」；之所以提到米歇爾，是因為父親的話實在太有說服力，我因此能以自己的方式理解，他留下的信中的一字一句。因為我沒有孩子，因此不需將感謝保留，而可以全數轉呈給米歇爾。如果說我尚有機會，還能在這表達謝意，正是因為我有幸認識米歇爾，是他讓我及時「誤入歧途」。以他的方法，給予我新生，如同父親。在父親臨終的床頭，我不也在自顧自地表達情感嗎？而換作是米歇爾的床頭，即便是我希望留在心底的話語，他也能知曉無礙。我的不安，難道不是出於當我看著米歇爾時，變得和在父親跟前喊「我愛你」的母親與妹妹一樣所致？究竟是透過怎樣的荒唐，使我感受到了前述的感受？米歇爾，一位我何德何能結識得了的人物，而我又是何德何能走進他的公寓，並對他抱有一份家人的愛。但我的人生若沒有他，又會是多麼的遺憾。

不知從何時開始，我的腦中經常迴盪著《在清泉畔》（*A la claire fontaine*）[13]的副歌：

長久以來我愛著你，永遠不會把你忘記。

有時，當旋律又在我腦中響起時，是用一種冷冽的口吻。用另外一種方式來理解，它似乎在唱著所要付出的代價：

長久以來我愛著你，我的恨將綿綿無絕期。你將我困鎖太久，無論為何，用著怎樣的方法。無論是否你也被困住，如果這是幸福，長久以來。

永無絕期的愛恨交織。我習於將時間視做一段感情關係中的關鍵。有意無

——譯註——

13 法國自十八世紀傳頌至今的民歌。

意，我自己也將時間當做潛在的敵人了。我是多麼希望能對抗時間，讓愛延續，讓愛的暴力在時間裡軟化，而其焦慮也將在時間裡，終歸靜謐。但當愛能恆常持久，還能算是愛嗎？特別是當愛已成為世上最美好的事物時？

長久以來，我老想寫本關於米歇爾的書。寫我們之間的愛，以及這份愛所衍生的，無盡的枝椏。也為了我無法如《在清泉畔》的副歌描述的那樣，永遠銘記——我當然永遠都不會忘記米歇爾，卻也同時已然遺忘。因為他的魔力，早已不在我們所相處過的點點滴滴中了。我只能在回味這段關係時，孤身一人。

我想要以一本書榮耀他。不過，如何能榮耀一位早就以自身的著作，帶來強過旁人企圖榮耀他千百倍的人呢？但即使他影響廣大，是享譽盛名的偶像之一，對我個人來說，他卻是一介凡人——確實存在，曾走進我的生命、且駐留良久。我曾愛過，至今我亦仍深愛，已然逝去的他，由於太過不凡，無法做為人生榜樣，而是用他一生，解釋所謂「愛」為何物。

他亦是那位擁有奇妙公寓的人。我當時年方二十三歲，他及時拉了我一把。一般總認為，人到了這樣年紀，不該再像孩子般教育，他也該有自己的主見了。然而這樣的觀感，卻適得其反，使得青年人在父母眼中自然矮了一截。父母永遠愛自己的孩子，但總是希望他們在自己的掌握中。米歇爾給了我潛移默化的教育，是如此地潛移默化，我甚至不知道到底從他那裡學到了些什麼。但我想應該是：保持快樂，好好活著，以及，懂得感謝。

我想若非那一室奇妙的公寓，我不會這樣深愛著米歇爾。直到現在，我仍難以置信，這一切是真的。

有一回，父親經歷了一場重大的手術，母親對我說：「我很感謝他沒有死。」我向米歇爾講起這段話，而他覺得這段話很美。什麼意思？難道我竟希望父親死掉嗎？這是他在我心中認為唯一的失言，但這正是他的一貫作風。

長久以來我愛著你，你也千萬莫忘我。

必須要將那段副歌歌詞倒過來解讀，我們才能更好理解，它那潛藏的侵略性含義。我恐怕早已遺忘與他相處的千百個時刻，但我卻牢記另外千百個。而他，那顯然我永遠不可能會忘得了的他，用後悔莫及的哀悼，教會了我死亡，即便，我一點兒也不想學。這個部分，我絕不會感謝他。他教導我好好生活，別急著奔向死亡。我當時連三十歲都未滿，卻對他能夠在接下來的日子裡，無止盡地豐富我的人生，感到信心滿滿。能夠認識到這個事實，是無比幸運的；然而最為幸運的，莫過於認識他這個人。

談論遺忘，與談論愛，很可能是同一回事。「你可曾想起過我？」永遠都是一個動人的問題。但當「愛」在一段戀愛關係中，沒有絕對的方向性，性與獨占也不再重要時，更加令我動容。當歌手芭芭拉（Barbara Brodi, 1930-1997）唱起，「在哥廷根有我所愛的呀，在哥廷根。」或者雅克．布雷爾（Jacques Brel, 1929-1978）說，「父親說：『北方的風呀，讓我成了長堤的守衛，一切只為心頭所愛。』」我們是否該遺忘米歇爾早已去世了四分之一個世紀，而假裝他彷彿昨天才離開呢？記憶因此獲得新生，重新匯聚，成為文字。而文字裡的米歇爾，會不會因此像小說裡的人物那樣，努力掙脫他的創造者，重獲新生呢？

父親的遺書中最後一句話，是這麼說的：

在死亡的時刻來臨時，我只願自己還有意識，讓你不致太過悲傷。這使我覺得自己有了底氣，要求自己，去擁抱你最後一次，也要求你，將我徹底遺忘。

相遇・Rencontres

「我們」。

我不知道這個詞，在離開家庭後，是否還有絲毫價值。

與一個人相識，是一件難事。那些尚未走進我生命中的人們，我不知如何與他們搭上關係。沒有功能上的需求，我身上彷彿沒有相應的器官一樣，與他人相識的必然性，彷彿不存在於我身上。我在人群中沒有位置，又或者，繼承自父親的競爭精神，反映在我生命中每一個面向中：我僅單方面地想要朋友，卻不想要對象，想要做愛，不想要相濡以沫。我覺得每一段關係，都只能是種征服關係，無論是用蠻力的、還是用巧勁的，都是向對象發起進攻，然後，向現實妥協，簽訂協議。我束手無策，更沒有受過絲毫突擊隊的訓練，去學習如何擺脫這處叢林，我因而放棄了，任憑自己混入市廛，被生活沖散，並小心翼翼不再挑起事端。但既幸運、也不幸地，我愛上了閱讀，孤獨成為我的朋友，將我從必須與人相識的宿命中，解放出來。

1

在熬過無止境且悲慘的青少年時期後，突然，我與一位「真人」相識了。一切從這位女孩開始。我邀請她來我的老家，來到我至今仍住的這個房間，並向她表白。她驚訝，並覺得我唐突，然而這是我為了擺脫因保守挑剔而麻木的自我，唯一能做的事了。她驚訝歸驚訝，卻也同意了我的求愛。我很快便「決定」要墜入愛河。因為戀愛，就是一場策略，必須奮不顧「身」與「靈」，來學習信任別人。我的生活處處將我束縛住，以致於情感，成了我唯一能突破重圍的武器。沒有什麼是一場爆炸不能解決的，將我拼湊了這麼多年的執念與自衛，一次翻倒。我終於與外界搭上了關係。在慘綠的青少年時期，我讀了很多很多的書，也看了很多很多的電影，聽了很多很多的歌曲，就是為了使自己不要形成對愛情的定見。

我的對象——薇樂莉，出落得既漂亮又聰明，善解人意，是可以帶回家見父母的那種女孩。誰見了她能不動心呢？對我的情感而言，可以接受，是個能夠放在心頭的對象。因此我決定捨身投入戀愛。

說實話，若不是因為這個女孩極度開放的愛情觀念，有著成堆的情人，與典型的羅曼史完全背道而馳的話，我也不至於深陷如此。我既恥於忍受這狀況，卻也恥於製造事端。原則上，我也成為這幫歡愉生產集團的一分子。然而，這正是愛本身定義的展現：做的，永遠與理論有所差距。直到現在我仍覺得，生活就像在雙手間滑溜無法把握的事物，只是一段糟糕的時光，因此出於謹慎，還是提防，或者根本是出於懶惰，必須與之保持距離，為了有一天平順安穩地抵達那毋需選擇，甚至沒有選擇的死亡，不必再煩惱該怎麼活。一種偏執狂的激進：生活本身，就是敵人，然而只要我對它無所求，就可以和它討價還價。如果我持續保持安靜，絲毫不動，不去驚醒那隻睡著的貓，那麼牠便絕計不會來侵擾我。但誰知道，貓在清醒時，搞不好比睡著時更好相處呢？無法排除反面的可能，那麼問題就會一直困擾著我。愛情因此開了葷，而青春，更是隻患上失眠症的貓。

一天晚上，我正在前往薇樂莉住處的路上，被一名青少年叫住。問我現在幾點。我隨即便被其他四、五個男孩圍住，向我勒索金錢。他們並不蠢，這條路過於僻靜，即便我大聲呼救，也難以引起注意。但除了大聲呼救，或許我還可以抵抗，或許能因此驚動那些住在這條少有人跡的路附近的居民，那就能嚇跑這些小賊了。然而，我只是把錢交了出來。其中一個男孩又向我要了手表，但這是我的家族傳承物，我遲疑了，向他討價還價：

「喔不，」我說。

我正準備向他們說，因為我是個有教養的人，所以才會回答你們詢問時間的要求。而現在你們卻要搶我的手表，對我而言，恰巧是個極其尖銳的反諷：我得為自己禮貌的行為，付上成倍的代價，也就是得奉上自己所珍愛的這塊表。我的怒氣在這個當口，蓋過了恐懼。

「夠了！」其中一個男孩說，不是向我，而是向他的同伙。

他們隨即跳上了腳踏車，一溜煙地從我眼前消失。但不是被我那長篇大論給說服——他們根本沒時間聽完——是他們自己膽怯了。畢竟都只是些青少年，並不是職業搶匪。

然後我繼續走，到了薇樂莉的住處，心跳異常猛烈地爬上樓梯，向我的愛人講述，為何我今天特別激動。而她立即從我鐵青的臉色看出端倪：無論在來她家的路上發生了什麼，都向我展示了太多的殘酷，好像在和我說，我完全有理由窩在自己的套房，足不出戶。像我這樣蠢笨的青少年，只會沒日沒夜地，一頭鑽進書本裡。我完全不知道自己處在怎樣的世界，我迷失了，是世界上最後一批不知道真相的人中的最後一個，不僅是道德上的無知，而是全然的無知。然而很快地，我便會發現自己不滿足於此。

薇樂莉知道怎麼做，她並不將我視為迷途之人、心靈上的流浪者，抑或是社會上一個沒有未來的瘋子。這種人正好是我從青少年時期就害怕的。從我眼神中流露不知名的侵略性，卻越來越像這樣的人，一種完全沒有幻想的眼神。

「你與其他人不同，」這位經驗老手說道，她比我年輕，卻識得太多男孩。「沒有誰能比你自己更加了解，你該怎麼過你的人生。為此，你，必須寫作。」

我完全沒有因此產生優越感。我當然可以想像，自己的才華被她忌妒，為此應當更加快樂才對。但如何讓我的愛人理解，我這位未來的作家，除了書本之外，還期待著其他東西出現在我的生命裡呢？

我向薇樂莉提議一起去看場電影[1]，內容關於一個被強暴的女人，與她所承受的各式各樣的後遺症，正是我們最近在談論的內容。這部作品講述了對社會的領悟，也表現了一個女人被低估的強大。

「不，」她說，「那只會讓你興奮而已。」

我沒有堅持。我不知道是否在我的性行為中，帶給我的愛人這樣的感受。但她講的不錯。若是一部關乎種族主義或受虐兒的電影，我就不太感興趣了。但對於強暴，我則會帶著滿滿的期待走進戲院。青少年嘛。有次在冬季的度假勝地，我與四位男孩待在一間房間中，以幫彼此取小名為樂。其中一個被取做奧布賽克斯（Obsex），是性上癮（Obsédé sexuel）的縮寫，因為他總是不停地談論女孩，以及與她們做過的勾當。這個遊戲的樂趣，在於小名要經過當下的人的多數決，也要足夠有趣，才能讓大家廣為接受。這就是大致的狀況。當輪到我時，那位奧布賽克斯，提議叫我做拓布賽克斯（Trobssex），也就是過度性上癮（Trop obsédé sexuel）的縮寫。出乎意料的是，沒有人指證，亦沒有人答腔說我曾誇張地談論女孩，或者和她們幹過什麼勾當。隨即就有另外一個男孩發聲，對我的新稱呼投下反對票。然而我本人卻接受了這稱呼。

「基於這個條件，我收回我的反對。」那位原先替我辯護的男孩說，現在反倒與我站在不同立場了。

實情是，因為我還是處男，這對我來說是不光采的。對性的無知是有罪的。

譯註

1 推測應該是上映於一九六七的法國電影《強暴》（*Le Viol*, 1967）。

我將這個「性上癮」的外號，病態地視為自己在性上的成就。被誤認，總比什麼都沒有來得好。

某種程度而言，這想法也構成了我對強暴的態度。我從未強暴過誰，也沒有這種愛好，未來也不會去做。然而，我卻不反對做為幻想的強暴。我有時在做愛時，腦海裡存著這樣幻想。這當然是由與伴侶的明確共識所保證，他們有時才是真正的強迫者，促使我的幻想更加蓬勃。但若真的要我去強暴某人，我明白自己永遠做不出來。每一個反抗的動作，每一份暗示或明確的拒絕，都會讓我瞬間血液倒流，產生身體與心理上的無力感。面對這個與我伴侶邁向全新關係的第一步，我常常裹足不前，擔憂會違背誓言。而第二次，有了彼此的擔保，我得以按自己意思來。這次我已經放得較開了，但部分新鮮的魔力已有所消退，在過分講究的儀式下，強暴已無法達成，我與伴侶完成了一場和平的「破處」──如果這個也算第一次的話。強暴鞭笞我的心靈，而非肉體。

一部電影傳達一種理想：我因此得以獲得一些關於強暴的新印象，比諸我自己腦內的發明來得更加具體，即便這些新的印象讓我不甚滿意，強暴本身也顯得虛假。心理的定見，無法參雜一絲一毫外來的干涉。

我喜歡薇樂莉拒絕與我同去看電影的口吻，不是激烈回絕，而純粹是因為不同調。強暴的題材不是不讓她興奮，她只是比較不想與那些目的明顯與自己相左的人，一起去看電影而已。就像我們不會建議兩個支持不同隊伍的球迷，一起去看同一場球賽一般。

薇樂莉覺得這部電影馬馬虎虎。她走出電影院後，與我共進晚餐。然後，我們回到她的公寓做愛。我不用再去顧慮是否要修正我腦中的想法，在這個特殊時刻，是否因為電影而興奮已不再重要。相反地，我感到內在對強暴壓抑的束縛，瞬間解除了。我不去問我的伴侶是否知道我的轉變，但就在薇樂莉拒絕與我分享她對片子的觀感時，多少透露她已經多少覺察了我腦中的祕密轉變。就像毒蟲待在廁所裡一小時，就只是為了給自己打毒品，還以為真的沒有人知道。然而所有人都知道他在幹些什麼勾當——掩耳盜鈴。

「剛剛真舒服！」在做完愛後，我找些話來說。

「沒錯。」她回我，「看吧，不要擔心。」

2

我對薇樂莉的情人們，都抱有良好的觀感。如果她認定這些男孩值得做她的性伴侶，那麼，他們肯定就值得我的尊重。馬克，她的前任情人，如今成為我的密友。一天晚上，我們就睡到一塊了。那晚是如此美妙，過了幾天後，我向馬克要求更進一步的歡愉。但他卻躲開了。兩個月後，他卻自作主張，未經我的同意，打算在我家過夜。我拒絕了。一想到其他人會覺得，我居然有這樣的癖好，與這樣無家可歸的角色混在一起，就感到嫌惡。我們仍保持朋友關係，我當時不太清楚這份拒絕意味著什麼，但我倆之間的性愛關係不復存在，這樣很好。

有一名與我同歲的男孩，在薇樂莉的小圈圈中，扮演著非常特殊的角色，因為，他與米歇爾·傅柯有著親密的關係。這份私密關係，居然發生在身旁的一個凡人身上，使我一開始對泰瑞[2]相當忌妒。像我這樣，認識如此多著名作家的小子，居然沒有與和哪一位，有像他與米歇爾那樣的親密關係。在我剛認識薇樂莉時，其實就看過他。這個男孩的美貌，長髮及肩，正是我所鍾愛的模樣。我即刻改變主意，並可惜於不能立即與他共度良宵。

「他不知道你這麼中意他。」薇樂莉在隔天向我說道，給了我些許忠告以安撫我。

泰瑞參加一個革命團體，與我和與薇樂莉小圈圈內的其他男孩不同，他在軍隊服務，也沒打算退役。他的組織要求他們去參軍，要他們對裡頭的年輕人，散播他們的理想與熱誠。在他幾乎要融入時，他的團體改變了方針，並要求他退役。但泰瑞並沒有將之放在心上。他本來就缺乏革命熱忱，在軍隊服務的時期，曾與形形色色的同袍發生關係，在肉體歡愉上無比滿足。當我再看見他時，他剪了個短髮，卻無損他的美貌，亦無損我對他的欲望。但這次，他早已預期到我對他的渴望。於是我倆便發生了關係，並且持續一段時間。而薇樂莉那廂，她正忙著與新的男孩談戀愛呢，因此我們之間關係都一樣好，絲毫不受影響，我也因此蒙她在性愛的恩澤廣披，得利不少。在薇樂莉的小團體中，泰瑞向來是個「反受

——譯註——

2 根據文中推測，應為同志作家泰瑞．沃維切勒（Thierry Voeltzel, 1955-），僅有的一本作品《二十歲及之後》（*Vingt ans et après*, Editions Grasset, 1978, et Editions Verticales, 2014），亦整整被塵封了二十年，不為大眾所知。這是一本評論集，記錄了當時二十歲的泰瑞，與一名年長的匿名哲學家（即米歇爾．傅柯）之間的對話。他們主題性地談論，自法國六八學運以降，整個社會在這十年內發生的各式重大變化：性別、迷幻藥、家庭、工作、宗教、音樂、文學，以及革命觀。

害者」，他有種能力，可以將一切衝著他來的危機，轉變為對他有利的情況。有一天，我向他說：

「若上帝存在的話，那就太好了。至少我們可以抱怨。」

他微笑著回答我，只有一個猶太人，對他說過一樣的話。泰瑞來自篤信天主教的家庭，住在巴黎第十六區[3]。可想而知，那對他明顯的同性戀傾向，會造成怎樣的悲劇。馬克最愛質疑這個，認為泰瑞的同性戀傾向，主要是他的父母親造成的。由於不想從家裡拿一毛錢，原先從事日本研究的泰瑞，後來去當了主宮醫院（Hôtel-Dieu）[4]的照護員。我經常在午夜一點，去醫院等他下班，再一同去他的套房過夜，這處套房是米歇爾公寓的一部分，但卻是一戶獨立出來的套房，由米歇爾借給他居住。泰瑞總有講不完的故事，語帶幽默，使我無法辨別故事中的真實性。

「你知道一個車禍重傷的人，從昏迷中醒來，開口講的第一句話是什麼嗎？」

「不知道，」我回道。

而他，有豐富臨床照看經驗的他，提高語調說：

「我當時明明是合法右轉啊！」

的確像這傷者所說。我也是，理直氣壯，爭到最後一口氣，是生死攸關的觀念。我也是正義事故下的受害者。

我認為自己出櫃，成為同性戀這件事，有相當邏輯判準可循。雖然那個邏輯只對我自己有效，但已足夠，因為我只需對自己交代清楚：我羨慕薇樂莉可以感受在身體內被人射精，那必定既舒服又溫熱。這當然是因為她有服用避孕藥，因此我沒有理由還戴著保險套。因此我只有一百零一種方法，也來感受這道即生即滅的私人小噴泉的威力。事實上，並不怎麼管用，因為在我迸發體內的噴泉，與她的感覺肯定不一樣。不過沒關係，自有另一番滿足以及形式之樂。我一直害怕無法高潮，一直覺得有必要證明自己。無形中將這份焦慮擴及到我的伴侶身上，然後我就中途逃走了。這些伴侶值得我這麼擔憂嗎？轉而對男孩有性趣，則沒有以上的風險，這份轉向甚至連選擇都算不上，因為，他們早就被薇樂莉檢驗過，而我相信她的眼光。他們對成為我的情人這回事，也沒有絲毫羞愧，一切順利得

譯註

3 巴黎的高級住宅區，住戶非富即貴。

4 巴黎市內最古老的醫院，建於西元六五一年，位於城市正中央的西堤島（Cité）上。

令人意外。如果與女孩們的關係是那麼複雜的話，那麼很簡單地，我就與她們斷絕瓜葛就好了。但願接下來這些男孩伴侶們，能成為我滿足的來源，同性戀給予了我一點高貴的感覺。再見了我悲慘的青少年時光，那時平庸可能是最令我滿足的狀態，現在全都離我遠走了。現在是自由的時刻，幸福與生產愉悅的時刻，我將自己導向目前正確的軌道上。青春只為我自己而燃燒。

清晨兩點，有人敲門。敲門聲越來越大力，但最後把我們真正叫醒的，是門鈴聲。在這之前，我與泰瑞兩人，於米歇爾的套房內纏綿，並很快睡著了。

「是我，傑哈爾。」門後的聲音說道。

泰瑞坐起身，全身赤裸。

我早已見過一次傑哈爾，他是薇樂莉的情人中，唯一一位我不太垂涎其肉體的。但他與泰瑞的私交很好，維持好多年，私密而熱烈。我透過閱讀得知，他是泰瑞青少年時期其中一段戀曲。我們以為，傑哈爾還在他那經年累月環遊世界的旅程中，因此很訝異在此時此刻，他出現在這裡。實際上，這位目測幾乎要兩公尺高的男孩，剛剛從阿富汗回來，在過去一年他都待在那，與尚馬希，也就是泰瑞的哥哥，六個兄弟的其中一個，混在一塊。由於不知道泰瑞現在住在哪裡，傑哈爾一回到巴黎，就來這間套房試試。泰瑞根本不在意他在這個時間來打擾，因為他顯然因為再見到傑哈爾而開心。因此，也算不上什麼打擾。然後這兩位就自顧自地聊起來，樂在其中，彷彿我不在場一般。我、薇樂莉與泰瑞的雙重情人關係，彷彿只是一張隱形的門票，只為進到這個性愛小團體中。而我也不在意他們冷落我，更不介意在清晨被吵醒。雖然改變我的作息不太好，但我能忍受。因為無論我們如何小心謹慎，人生總會有些事情，會打亂原先的計畫。

於是，三個男人赤條條地睡在同一張床上，對我來說還是頭一遭。任憑他倆在另外一頭繼續聊，我還是睡著了。我較他倆早起，前去工作——因為家族關係，我得到在《新觀察家週刊》（*Nouvel Observateur*）[5]的實習機會。我們，包括

譯註

5 左派週刊，創刊於一九六四年，由尚．丹尼葉（Jean Daniel Bensaïd, 1920-）與克勞德．帕德利耶（Claude Perdriel, 1926-）創立。內容繼承自《法國觀察家》（*France Observateur*）雜誌，包含《經濟觀察家》（*Observateur économique*）、《政治觀察家》（*Observateur politique*）與《文學觀察家》（*Observateur Littéraire*），因而得名《新觀察家》。

薇樂莉在內，四位約好在下週二在我家相聚，一起看傑哈爾推薦的一部電影。

下週二到了，薇樂莉和泰瑞都沒有依約前來，只有我與傑哈爾兩人在我家獨處。然而我卻未感到侷促難受。應該是上週與他全裸共眠，早已化解掉尷尬了吧。突然，他在他的三角褲中翻找，並剝開上頭的ＯＫ繃，取出一塊從阿富汗那帶回來的鴉片煙。我當時從未嗑過藥，所以根本不知道那是什麼，我也表現了一般大眾對於面對鴉片煙的焦慮。通常，以我的個性，應該在當下就急忙逃走，因為誰知道接下來會發生什麼，會將我的潔身自愛摧毀殆盡。但出乎自己的意料之外，我居然欣然接受了。傑哈爾盡其所能地解釋，如果我們有合適的菸斗的話，應該用菸斗來抽這些鴉片。但我們沒有，那麼也可以直接配水吞下去。在吞之前，必須要先用手指把鴉片搓成小球——手指一搓揉，便在指尖留下色漬——這樣配水吞下時，才不會在第一口就反胃噁心。好吧，我直到今天才知世上有如此滋味，伴隨著濃郁襲來的刺激，讓鴉片煙變得沒有什麼事物能與之相比擬。這毒品卻毋庸置疑地溫和，我們因此度過了美好的晚上，身心都非常愉悅，伴著嘻笑。我在下午三點昏昏沉沉地與傑哈爾道別，根本沒有看那部說好要看的電影。

從此之後，我不再對鴉片煙有所抗拒了。

應該說，我從此不想錯過傑哈爾供應的一丁一點鴉片煙了。我們在藥性發作時做愛，那美妙的時光，使我們攀上了前所未有的高潮。肉體的歡愉就像一個滑溜的世界，在我們遺世獨立的欲望中，我們只需要順從感覺的坡道。但這樣的美好時光不再來。在確認到我對他的侵入沒有造成絲毫身體損害後，傑哈爾，認為同性戀不是他的喜好，向我說他害怕這段關係，使他容受他生理上的不適。因此以後不了。但私下說，我與傑哈爾的關係，在性愛上乏善可陳。這也是為什麼，他稱我們兩個之間只是友誼。我從不了解，青少年的熱情如泰瑞，在過了十年的熟成後，會變成什麼樣，也許，還是不成熟。

傑哈爾留給我些許鴉片，我得以與其他情人一起享用——又是幾個難忘的夜晚。他向我講述在阿富汗的事，與泰瑞的兄弟在旅程中的高潮與低潮，以及他倆後來都夾帶鴉片回來，並協定好販賣後的分成。然而傑哈爾把自己的份全都送掉了，尚馬希則按原計畫賣掉，卻仍把分紅按協定分一半給傑哈爾，一句怨言也沒有。我一直很害怕人與人之間的關係變得很狹隘，這樣的事算是讓我開了眼界——布爾喬亞的價值觀並不適用於所有人。

泰瑞的床成了一處人可以單獨面對自我的基地。有時早上起來，他穿過牆上一扇不顯眼的暗門，穿過通道，進到傅柯的公寓。那扇門從外觀看起來是櫥櫃。然後他回來，向我們說早餐在另外一端已經準備好了，三人份。與米歇爾．傅柯共處的機會，是一份驚喜。他的突然出現，令我受寵若驚。我從沒想過我會這麼驚訝，然而我開始懷疑泰瑞與我不同調。為了讓泰瑞能賺一點錢，傅柯匿名與泰瑞合寫了一本關乎青春點滴的書，但這本關於青春的書，如今也有二十年的歷史了。而我也樂於為《新觀察家週刊》來訪問泰瑞的這本書，發現這部作品的娛樂性大於其敗德的內容，只有我知道泰瑞的設想的對話者是誰，就是我本人。米歇爾讀了我的採訪，並且給了成千上百個修改建議，我欣然接受。當我交稿給我的主編時，她姿態倔傲地收下了，並認為這篇文章充滿了我們年輕人的天真。我倒也欣然接受，反正我本來就不太相信新聞業。

泰瑞與我同齡，我倆生日僅差了兩天。因此我們養成了一個習慣，在兩人生日之間的那一天共進午餐，以資慶祝。當泰瑞前來報社找我，米歇爾陪著他一道來，邀請我們一起下館子，然後再領我們去波布格（Beaubourg）[6]那裡參加畫展開幕式。在前往畫展現場的小路上，泰瑞走得較快，折回來向我們訴說剛剛他看到一個迷人的男孩，正在和同行的女孩說，他認出我們身邊的米歇爾。那個女孩只是回說：

「米歇爾．傅柯，他是誰？」泰瑞模仿著那女孩道。

「就一介文盲！」傅柯自嘲道，帶著他那招牌微笑。然後，奇妙的是，我在舒服中，有一種感覺，覺得自己是一生命的文盲，活在高速中，正在解開感覺的混亂。

我們至此變成好友。一晚，我與傑哈爾、馬克與米歇爾一同晚餐。米歇爾提議能不能吻我。這個提議讓我有些不知所措。因為某個不能說的理由，我鼓起勇氣，斷然拒絕他，讓我的舌頭免於受侵犯，這要比被強吻後哭哭啼啼，或者表現得被迷惘衝擊得六神無主好得多。他又再問一次，我照樣說不。已與米歇爾嘗試過的泰瑞，一定很好奇，我到底跟誰睡過，起碼跟誰接吻過，要不為何這麼抗

——譯註——

6 波布格（Beaubourg）、波布格平台（Plateau Beaubourg）或波布格中心（Centre Beaubourg），都是龐畢度藝術中心（Centre national d'art et de culture Georges-Pompidou，簡稱 CNAC）的別稱。

拒？我就是壓根兒沒想到事情會走到這步田地。而毫無準備就是拒絕接吻的理由。提議來得太過倉促，無論是在情感上，還是性愛上，都讓我的反應延遲、腦袋當機。我所謂的「自由」，比諸泰瑞的自由，根本不夠「自由」，我還是需要考慮東、考慮西，並以清楚的協議來保護自己。

有次我們離開米歇爾的公寓時，我回憶起這段插曲，並驕傲地與身旁的朋友聊起來。我自認自己不是個裝模作樣的人，當我感受到什麼將離我而去，或者要來衝撞我還是傷害我，我就會簡潔明瞭地說「不！」。不然，我還能說什麼呢？

「你真的很荒謬，」傑哈爾回應我。

我馬上就洩了底氣，因為從來沒有人反駁我，而馬克在一旁不吭聲。羞恥感賞了我一巴掌，我就應該在當下，把米歇爾抱在懷中，全心全意，並讓他吻我才對，但時機已過。

有次週日的狀況與此類似。當天，我和傑哈爾兩人去一家著名的甜點店排隊。前面的女士詢問店員的方式十分反常，而店員回這位女士說，她不能用這種口氣和她說話。那位女士便開始大發雷霆。我馬上就自己的立場，向傑哈爾表達我的反思，顧客滿意度難道是粗暴的言行，與別人受罰的同義詞？

「那不過是有位女士想在週日享用蛋糕，而她現在吃不到了。」傑哈爾簡單地回我。

站在享樂的立場來看，看來我該多做如是想。

米歇爾在他的公寓中，舉辦一場日本裸體舞者的沙龍，泰瑞和我都受邀參加。裸體的舞者有種特殊的魅力，而且，我倆是由公寓主人親自邀請而來，這事可不是天天都有的，吸引力更是倍增。在這之前幾個星期，米歇爾向我談起艾維・吉伯（Hervé Guibert, 1955-1991），一名與我年紀相仿的男孩，但當我讀完他在《世界報》（*Le Monde*）的文章後，驚為天人，而他當天也在這場活動中。

這場活動大約有十來位參加，但只有泰瑞、艾維與我是年輕人。這場來自東瀛的表演沒有持續很久，該名赤裸的舞者不知何時消失了，回來時已穿上衣物。形形色色的來賓討論著剛才的表演，沒有什麼爭論，而我保持沉默，沒啥好聊的。而且我對日本舞蹈一竅不通。

「但他不是全然裸露呀，」其中一人突然發話。

的確，該名舞者嚴格說起來不算全裸，因為他帶著陰莖套。突然討論轟然開展，不再用著文藝腔，期間有笑聲，並終於開始討論起比較核心的內容。

然後，一群一群的人找了個角落，自顧自地聊了起來。除了艾維，孤高地形單影隻。既然這裡是我熟悉的米歇爾的家，我覺得心裡有底，並覺得準確地收到他的暗示，於是我鼓起勇氣靠近他，並小心翼翼地措辭：

「您被人關禁閉了嗎？艾維．吉伯先生？」

我們聊了兩句後，就不再用「您」相稱了。艾維笑了，五分鐘後，他便應允要為我任職的期刊寫篇文學評論。在此之前，我早已被他的文才，以及這場沙龍活動中他所展露的風度所說服。光是待在艾維身邊，我就覺得受益無窮了，我的工作從來沒有這麼順利過。又過了幾分鐘，泰瑞與我提早離開沙龍，因為我們還有另外一場晚餐之約，艾維也一同離開，因為他不喜歡待在小空間內太久。然而我沒有因此浪費時間：我因此愛上他了。至少，我正容受著思念的刺激。

文學總是令我激動興奮。艾維出版過一本讓我讀來相當激賞的書，但也對我在盛讚中給出的疑慮，表示對他頗有幫助。我愛極了他在這篇期刊文章中的文筆。這個男孩無疑有極高的才華，卻非常隨和，盡力滿足我的要求。但當問題涉及到性時，就恰好踩了剎車。還好，這份友情最後變成了愛。我們互相吊對方胃口，直到一天晚上，還在與某人談著戀愛的艾維，終於接受我的邀約，願意來我的公寓。但就在離公寓幾步之遙的地方，他斷然改變主意折返，讓我獨自面對漫漫長夜。我被激怒了，因此患上感冒。在與艾維通電話時，我向他說自己高燒三十九度，並因此不再怪他放我鴿子，並向他講述我與當時的愛人，陷入了怎麼樣的複雜情況，但原則上我已不再對艾維癡迷了。艾維從我們那場可能會索然無味的約砲中逃離，卻意外與我締結了另一種層面的私交。我們相戀，但不睡在一塊，我們的生活方式使我們彼此靠近，我們因此共度無數次的夜晚，相約晚餐後去泡酒吧，在那邊學習認識彼此的欲望形態。比方說他喜歡哪一類型的人，會怎樣想方設法弄到手。而我總是找尋酒吧中那最俊美的。但本身就很俊美的艾維，會假裝被酒吧中看來最不性感的那位吸引，但他卻拒絕主動上前，而是等待機會自己找上門，然後他在戲弄一番後，還是回到我身邊，繼續與我共度夜晚。我們瘋狂大笑，這一直是我倆共處時常幹的事，但對艾維來說，則是因為另外一件事，使我們重新交好。

有次，我被他緊急找去他家晚餐。艾維在他家宴請米歇爾與丹尼葉[7]（Daniel Defert, 1937-）。這位丹尼葉不若傅柯年長，但也是位中年人，與我們的共通點甚少。至此之後，艾維就再也沒有拿他的小公寓來招待客人，但在當下，他為免與這兩位貴客相處尷尬，便急忙要求我前來。這當然沒問題：由於來晚了，我只需跟同為受邀的泰瑞同桌，他是今晚的後援。晚餐後的氣氛有些拘謹，我們既興奮於米歇爾的和善，也害怕會有什麼地方不小心冒犯了他。泰瑞姍姍來遲，因為他參與雜誌《快樂腳》（*Gai Pied*）[8]的創刊，這是本同志週刊，名字還是米歇爾取的，但創刊號出版前，尚有許多工作要做。泰瑞來時，手裡揣著這本還沒有人讀過的珍稀寶物。也因為泰瑞的關係，創刊號中收錄一篇米歇爾的文章，該文章也被理所當然地，放在了雜誌的第一頁。

「但這頭版標題不太好。」米歇爾說，當他看到封面時，毫不掩飾他的感受。沒有人知道該怎麼回話，一股低氣壓持續籠罩在整場晚餐會中，即便後來米歇爾察覺到他的話所帶來的負面影響，很快地在看第二篇文章時改口。艾維家的晚餐會好不容易結束了。隔天早上我們在電話中又聊起昨晚的事，他提出要彌補這份缺憾，而我由於太過猴急，想知道他今天葫蘆裡賣什麼藥，連忙表示同意，像個笨蛋般，馬上被他取笑。但這件事卻使我開心起來，因為艾維的舉動使我開心，我倆的關係讓我開心，也讓他開心，更為了從與薇樂莉交往開始，在跨過青少年時期的孤單後，我在深陷情感形成的無定的漩渦中，卻奇蹟似地毫髮無傷而開心。

3

「你聞到什麼嗎？」傑哈爾問。

「沒有，也許一點咖啡味，」我吸了吸鼻子，再好好地感受一下。

「我到外頭等你。」我一邊離開商店，一邊對他說。

我倆到紐約度假一星期，傑哈爾在那裡的好友，一個叫做伊米的，給了我們迷幻藥（LSD）。而我們已經吃下去四十五分鐘了。我們開始懷疑藥物的效力。我當時大口吞下，不疑有它，但是實際上我根本啥也不知道，對我來說這是第一次，我完全不知道會發生什麼事。當傑哈爾一分鐘後從商店出來找我時，我已經

譯註

7 指丹尼葉．德費（Daniel Defert, 1937-），傅柯的正牌愛侶。

8 法文同志雜誌，創辦於一九七九年，起初以月刊形式發行，後改以週刊形式，最後於一九九二年停辦。

四仰八叉地躺在百老匯大道上，路過的人都停下來問我還好嗎。驚訝於人們都向我詢問，我回答「yes」，面帶奇怪的微笑。之後那一整天都是一場奇蹟，腦內意識與情感的爆炸讓我大大地開了見識。我們攔了部計程車，前去赴伊米在中央公園的約，在第七十二號路上，但我們無法清楚向司機講出路名。

「sixty douze。」

「seventy deux，」

「sixty twelwe，」[9]

我們講得含混不清，嘻笑著，又被彼此的嘻笑逗笑。無論如何，我們下了車，當務之急，是先找一處能舒服坐下的角落。好不容易我們選定一處草坪坐定，突然又站起來，因為我們發現旁邊的草更綠，更豐盛，我們移動過去，但當我們到了那裡時，並沒有坐下，因為又發現更遠處又更佳。就這樣我們不停地移動，直到我們明白是自己的視覺出了毛病，才有這些差別，草地，哪兒都一樣。

伊米把我們帶到一戶公寓內，那裡配備著豪華的浴室。我們倆坐進大浴缸底，打開水龍頭，想調節出舒服的溫度。事情還沒完，因為我們要不就是調得太熱，我們就得要加大冷水；要不就是太冷，我們得要開大熱水。直到水溫令人滿意，但很快又因為熱度散去，再加上我們已經適應了水溫，又變得太冷。我們放聲大笑，感受到比水帶來的更大的舒爽，然後水溫似乎又變得可以接受了。我們找尋一種理想的平衡，迷幻藥成了必要之物。

米歇爾的公寓奇蹟似地是這份理想平衡現實化後的樣貌。我們深知，是因為迷幻藥一直常駐此處。因其空間與陳設，這裡正是適合此類歡愉的夢幻之地。但我們仍是小心翼翼地暗中進行。傑哈爾向我講述類似的故事，以及一旦大意，就有可能造成翻天覆地的風險。情況是如此地駭人聽聞，正因為如此，此等經驗才可能珍貴而美妙。我們彼此訂立協議，若其中一人在活動開始前，決定退出這次迷幻藥趴，他絕對不會蒙受一絲一毫的非難。因此我們四人——馬克、傑哈爾、米歇爾、我，都沒有人想要退出。大家討論著服用迷幻藥的相關事宜——迷幻藥的藥效，會在服用後大約一小時後，才會變得強烈。除了我沒有那麼強的感受能力，只有在藥性真的發作時，我才會明確感受到差異。在這棟公寓一處，沿著落地窗，在電唱機旁的角落，我們坐在四張沙發與躺椅上，聆聽馬勒（Gustav

——譯註——

9 法語的數字七十二（soixante-douze）的說法為六十（soixante）加十二（douze），這邊作者用法語數字的邏輯，直翻成英文，又混用法語與英語，因此沒人聽得懂。

Mahler, 1860-1911）的第一號交響曲。這部作品以一種高品質的嘈雜樂響，呈現出天堂的暴力與溫柔。沒有什麼能比迷幻藥更加有音樂教育意義了，我們的感受力被放大，因此能加倍地被音樂環繞。迷幻藥藥力消退時，則比較讓人不舒服。我們會開始焦躁，在回復理智之前，與憂鬱症患者並無二致。但這樣零碎的私密經驗，僅在我們四人的小圈圈中交流著。

於是我們為此又準備了其他活動助興。傑哈爾弄來鴉片煙，讓我們能減緩迷幻藥藥效衰退時所帶來的不適。我與傑哈爾還另外租來了投影機、一張大布幕與兩部電影，準備吃迷幻藥時看一部，吸鴉片時看一部。前一回我們四人尚能從迷幻狀態中同進同出，但後一次，我感覺自己是最後一個進入狀況的。用藥時，我們仍然聆聽馬勒，然後，我們轉而欣賞馬克斯兄弟的電影（Marx Brothers）[10]。我們只犯了一個錯誤，那就是沒有事先架好布幕、投影機，並在放映前先安裝好首捆膠捲。我們將之放在公寓的另外一端，也就是泰瑞寓居的那間套房內。幸好馬克相當能幹，經過多方嘗試後，終於達成任務，但也因藥效而使得過程無比笨拙。這使我們大笑不止，我們當時的狀態，顯然不太適合做這類細微的技術活。看完那齣成功的電影後，客廳的地毯上灑落一堆遊戲竹籤。在迷幻藥藥力之下，玩什麼遊戲都變得很困難，因為我們不能時時把規則放在腦中，也沒人能當很好的裁判——你怎麼能相信一雙處在迷幻狀態的雙眼呢？就好像玩笑與嚴肅，永遠不能當一家人。當輪到我玩時，我居然頭疼起來了。認真玩遊戲對我來說，就是道德的明證，相比於臨陣脫逃，我特別喜歡正面迎向挑戰。正當我處於呆滯狀態，我猜想，當時自己腦中正在回憶著那些得勝的時光，米歇爾及時叫停，「夠了！」，傑哈爾與馬克立時附議。似乎這些竹籤遊戲在我還沒反應過來前，就已經讓大家不滿很久了。但剛剛其他人玩了那麼久，難道都沒有視覺扭曲嗎？一秒過後，大家又忘了這回事，又笑得跟剛剛嗑了藥一般。而鴉片的概念很棒。不同於在迷幻藥藥效末尾，給我們帶上一種焦躁的能量——當迷幻藥力消耗殆盡之時，若我們不那麼緊繃的話，其實應該要立刻就寢。鴉片煙則不同於上述，我們一點一點，慢慢進入到一種未知的柔和，一種特別的心理狀態，使先前的時光轉變為一種意外的平和。我們這群人裡，有一位五旬的同性戀，以及另外三個年輕人，其中兩位還是異性戀。但即便平時吹毛求疵如我，也覺得沒什麼大不了的。

——譯註——

10 活躍於二十世紀初的喜劇藝人團體。由五名猶太裔兄弟組成，在早期的電影工業中留下不少作品。

我們在迷幻藥後第一次服食鴉片時，看了傑哈爾最愛的電影《大國民》（*Citizen Kane*, 1940）[11]，這部電影格外精采動人，在場景營造上極為成功。看完後，我在主臥房與米歇爾搭話，他正哼著片中奧森威爾斯（Orson Welles）的老友約瑟夫考登（Joseph Cotten, 1905-1994）[12]所唱的歌——這個角色私底下唱著歌的時候，簡直判若兩人，因為平時他總擺出一副犬儒的批判架式，只為了要表現得自己很聰明，卻忽略自己的真實感受。我跟米歇爾說，這個角色在私德上讓人喜歡得不得了。一般來說，我十分在意角色的道德，然而在那一刻，我卻喜歡上他了——所謂的美好人生，就該是約瑟夫考登演繹的那種！一股腦說完後，我擔心米歇爾會因為我剛剛的滿嘴胡話，而誤解我的意思，進而看低我。但米歇爾當時已經精神恍惚，又或者心思已飄到別處，也或許正處在回憶中，所以後來什麼也沒發生。我們所有人對米歇爾的尊敬，不會因為他加入迷幻藥趴而減少一分一毫。分食迷幻藥這舉動本身，就是一種在高度秩序下所建立的關係，卻無法為多數人所理解。米歇爾一直都把持得很好，看來藥物並沒有對他造成影響。

4

「你已經決定終生不婚了嗎？」

父親在他子夜出版社的辦公室中，以迂迴的話語，意味不明地問我。這樣的對話十分少見，因為我倆都因臉皮薄，彼此積累著疑問。但父親平常可是嘴上不饒人的。他在工作上才華洋溢，對私事卻異常小心，希望對我們的事，說得越少越好。他是對話的大師，善於用最少的言辭，就讓我們舉手投降，而他則引以為樂。

我不打算為這個單身宣告辯駁，事實上我根本不是單身主義的信徒，而是只想維持著「什麼都不決定」的感覺。當天晚上共進晚餐時，我將這段話轉述給米歇爾聽。為了達成向父親所宣告的獨立自主，即便這個宣告一點也不貼切，我仍

譯註

11 由奧森威爾斯（Orson Welles, 1915-1985）所導，是電影史上的經典之作。講述一名記者，從報業鉅子凱恩一句謎一般的遺言開始，逐步揭露凱恩一生中不同的階段與面向，最後才向觀眾揭露出，原來他臨終時最掛念的，是童年缺乏親情的創傷。

12 這個由約瑟夫考登飾演的角色名為李嵐（Jedediah Leland），是主角凱恩（由導演威爾斯本人飾演）最好的朋友。

然可以毫無困難地繼續假裝如此。但出乎意料之外，米歇爾完全同意我父親的說法，並向我解釋我的「不決定」，實際上就是一種決定，因為那些早婚的人，早早就劃定了自己人生的範圍。因此，我簡單地承認，例如，永遠不要再去期待我會有孩子。同樣的迂迴態度，讓我無法決定到底要不要去父親的出版社任職，我亦覺得這麼多年來，出版社已變成家族的象徵——此外，我負責的期刊，就讓我必須每週日下午到子夜出版社閱讀文章和回信，這對我來說已經足夠了。只是，正因為有這些支持我的細線，在每次挫敗後，都能將我拉回正常生活。因此我還有時間與機會，可以去試試其他工作，去慢慢探索外在世界的事物，以及活在裡頭的眾生。猶如廣場恐慌症患者，終日將自己關在房間內，有一天突然鼓起極大的勇氣，走出房間，直抵房子的大門口。我仍懵懂，不了解自己身上發生了什麼事，而直至今日，我仍深陷這種精神分裂般的混沌中。

《新觀察家週刊》的實習記者工作，並無特定的職掌，我打從一開始就對這份差沒什麼好感。父親同樣很輕視這份工作，不但是對該媒體，也對其出版部門。他們之間從不來往，因此我只能親自去碰碰運氣。這樣明顯的敵意，可能會被誤認為一種策略，讓我成為他鬥爭下的替身，這點我可不買帳。但我對《新觀察家》沒有絲毫敬意倒是真的。第一次到編輯部報到時，我十分震驚於他們對世人所做的諸多惡行。並非是他們的新聞品質不好，而是對當時的我來說，所謂真實世界，還是一個理想世界，一個文學的世界——無論我的身體如何抗拒，我就是陷在另外一處，而生活就是不斷地嘗試，終將跨越這俗世的一切，抵達理想。有次，同事希望做一則莒哈絲的專訪，因為她剛動了一個大手術，若能獲得她即時的想法，就會是個大獨家。人們建議我打通電話給她。在總編輯的辦公室內，無時不刻都在開會，在這樣一個瘋狂的環境下，我完全插不上話，像個沒進入狀況的笨蛋。我說莒哈絲女士才剛歷經生死關頭，肯定沒有心思發表意見，就算她真的發表了，也只是因為是與她熟識的我打的電話，她不得不虛應故事。我接著以一種難以理解的推論解釋，反正這時就不該打電話過去。

「你靠遲疑吃飯嗎？」尚・丹尼葉說道，激起在場一陣嘻笑。

很顯然，我得做些什麼來化解尷尬。因此我勉強自己去打給莒哈絲，但我卻表現得自己做為編輯部代表，既可恥又荒唐，一邊提出要求，又一邊期待她的拒絕。她能怎麼做呢，當然只好拒絕了我。粗魯地文學將文學與新聞媒體攪在一塊，我完全無法諒解這樣的狀況，父親更加無法。

書寫日記，便成為一種維生的必要手段。若那天父親沒有向我提起，我永遠也不會想到還有這麼一件事，也就不會有後續的寫作了。無論如何，我開始寫了，即便沒有人比我更清楚，也常聽到人家說，這份差事一毛錢也賺不到，也沒有作家會將日記算做自己的作品。我十分確定，拿自己的聰明才智來寫日，無疑太過大材小用，但拿來做其他的事又顯得太蠢笨，以致我卡在中間、不上不下。但至少，在自己的世界中我不會犯錯。此外，我是如此習慣性地感到無聊，能讓我開心的事，便成為我最忠實的伙伴。

電影評論也是其中一項會讓我開心的工作。我十分自豪於自己對電影的眼光，也很清楚自己的程度深淺。米歇爾與艾維，也常常聯袂受邀到電影放映會現場，我們於是有機會一起出席公開場合。而米歇爾向我描述，有時他與那些因認出他而驚訝不已的媒體代表說，我與他和艾維是個小團體。反倒是他，他在放映室的另一頭喊我，問我當影評是不是很無聊。我本來就不喜歡那天的電影，這讓我很窩心。一天，艾維與我一同去看了部義大利電影，我認為比一般的電影要差，艾維卻愛得要命。米歇爾後來與他一道回家。之後，米歇爾向我敘述，當他都已經準備好要喜歡這部片子時，艾維卻驟然對其感到厭煩。而且，到了最後，當他想聊聊這片的優點時，艾維卻打斷他，還說自己從影片的第一秒起，就開始厭煩了。我倆笑了，因為這樣朝三暮四的想法，就好像我與艾維出去吃飯，他總對飯後甜點無法取捨，最後只好全部都來一樣。吃到我們撐著走出餐廳，肚子都脹到無法走路，只能滾著回家了。但對大家向來都忽略我的想法，我則完全無所謂，好像這些想法獨立於我而存在，完全不影響我，也不左右我的情緒。我波瀾不驚。

因為職業要求與做事風格，父親的想法被視為最高價值標竿，而他也喜於見到其他人與他所見略同，而我正是他的頭號信徒。有天晚上，我和米歇爾說起我對布瓦洛（Nicolas Boileau, 1636-1711）[13]的讚譽，以及父親所抱持的惡評，米歇爾表示他自己也不太愛布瓦洛，而就我理解，是因為他特別不認同布瓦洛藉由向後人留下作品集，來證明他的文學評論，足堪文學導正的先鋒這樣的名號。[14]有次，為了要發一篇報導，我參加了蔚藍海岸的小城伊埃爾（Hyères）的電影嘉年

譯註

13 法國詩人與文學評論家，與莫里哀（Molière, 1622-1673）、拉封丹（La Fontaine, 1621-1695）同時期。

14 布瓦洛留下的作品集十分重要，被譽為是「帕那斯山的立法者」（Législateur du Parnasse）——帕那斯山在古希臘神話中，被認為是文藝女神謬思們（Muses）的居住地。

華。一位隸屬其他家出版社、與我不太熟識的女作家，過來向我搭訕。她說她認得我的父親，他是她這輩子認識的最為謹慎的人。這讓我有些意外，我反倒都習慣將父親，視為最勇於抗爭之人。我並沒有惡意，我相信謹慎與勇於抗爭間，兩者並無衝突。因為當我與非家族成員的人，聊起自己家人時，我對父親的崇拜，以及其他與他相關的文化象徵，突然間在現實中重合了。

沃日拉爾路・Rue de Vaugirard

1

事後回想，若重來一次，我仍不會改變主意：當米歇爾提議我，在他夏天離開巴黎的兩個月間，住到他的公寓裡，照顧那些他養在陽台，需要天天澆水的植物。我馬上就接受了。這樣大幅地改變生活步調，一點也不像我的風格。想想我心目中的理想公寓，比米歇爾的公寓更大、更明亮的比比皆是，但卻沒有哪一戶，比他的公寓更好。住在這裡，即是住在青春裡。

這戶公寓的主體是一間廣闊的廳室，其長邊為超過十公尺的落地窗，因為位於八樓，對面沒有其他建築，因此採光非常好。在這個大廳的一處角落，有前面提到過的「馬勒角落」，那裡有扶手椅，在我們的迷幻藥趴時，大家可以窩在上面，然後將自己埋進被子裡，我們稱這裡是「巢」，可見得有多舒服。再者，在這個沒有隔間的空間，有一部分稱為客廳，在那有一張大沙發，面對著書架以及與其同樣舒服的扶手椅。沙發的旁邊有小邊桌，離落地窗還有很大一段距離，因為房間的寬度也幾乎等同長度。沙發旁邊有著梁柱，上頭掛著三張丹尼葉的相片，他是米歇爾的伴侶，在相片中他微笑、洋溢著幸福。這些愛人的相片，我們可以說就如同歌曲，散發著極富感染力的喜悅。客廳被持續延伸的書架包圍，上頭塞滿了書，旁邊有處辦公桌，以可動式的隔屏隔開，但隔屏卻總是敞開著。當米歇爾的套房——原先應該是他真正工作與辦公的房間——有人借住的話，他就在這工作。現在，他所有正在進行的事務，都轉移到這張辦公桌上了。各式紙張、銀行單據或各式各樣的信件，就攤在桌面上。公寓的末端，有一處初來乍到的人會以為是櫥櫃的地方，但櫃門之後卻是一段祕密通道，通往大約一公尺見方的空地，另一端還有一扇門，打開後是一處衛浴皆備的套房。套房的底端有一張床，正是我與泰瑞同睡、並遇見傑哈爾的地方。而房間的長邊，有一扇對外的雙重門。巨大的落地窗外，有著狹長的陽台，中途九十度轉彎，總長橫跨了客廳，直到套房的一半。套房在夜晚時，會被遠處郵務處理中心的燈火給照亮。這套房唯一的缺點，也僅止於米歇爾在家的時候——當他想進到套房裡，無法先敲敲暗門來提醒裡頭的人——為了確保不被打擾，暗門是密合的。這戶公寓的尺寸，當初是以容納一家人來考量的，因此很明顯沒考慮到隱私——無論如何，這絕對是豪宅中的頂級款。

好像童話故事裡頭，在奇妙歷程後所得到的獎賞一般，這裡突然就變成我們的家。因為，我與傑哈爾遷入公寓，是那麼理所當然，而米歇爾在這項任務上，亦沒有加上任何的但書：我可以隨時出入這處位在沃日拉爾路上的公寓，我想帶誰來，就帶誰來。我覺得自己一直是孤獨地生活著，即便我當時人生絕大部分的時光，都是與父母同住，而我成長的公寓，依我看來，就是間典型的布爾喬亞公寓，與我童年朋友家的公寓都差不多，但與米歇爾的比起來就差得遠了。與傑哈爾一同進住這裡，只意味著在我天生的孤獨外，前後各加上一道括弧，將它暫時擱置。

我們一方面客氣，一方面又不拘泥小節，覺得這戶公寓給我倆住，實在再適合不過了：一人睡在套房、另一人睡在米歇爾的主臥室裡，其位於公寓的另一側，與廁所和廚房處在同一軸線上，與客廳的起始線切齊，位在「馬勒角落」與沙發之間。

馬克在附近工作，而艾維就住在對門。如果他的公寓窗戶是敞開的，我只要拉高音量，站在陽台就能與他對話。我們變成彼此獨立生活的團體。說是團體，是因為我們很快便發覺，住在這公寓，不僅僅是兩個人住在這兒那麼簡單。居住在此，還意味著許多事情。要不，早在拿到公寓鑰匙之前，我們其實就因為迷幻藥趴，而成為這邊的暫時住客了。最近，當我與老朋友重逢，我會聽見他們忘情地感嘆，「啊！沃日拉爾路！」，如同回憶的是自己人生中最精彩的時刻，不過，我或多或少忘記了，他們來到這裡時，是怎麼樣的狀況。

馬克工作有空閒時，會過來打聲招呼。有個星期六，在午餐過後，他帶了個女朋友來加入我們，然後她提議我們一起去游泳池。游泳池就在距離這裡三條路的樓房的頂樓，她之所以可以暢行無阻，是因為她有朋友住在那棟大樓。那天很熱，我們滿心歡喜地接受了。這是其中一件自我們住在此後，會永遠銘記的事件。即使是我，在這樣的環境下，也只好瞞混過自己滴水不露的拘謹，因為去拜訪完全不認得的人的家，對我而言就是一場冒險。但既然我已經住在這樣一戶公寓，若是還拒絕所有的可能，那就一點意義都沒有了。

我們是游泳池畔唯一的一群——除了一名青少年，獨自一個人待在那，貌似十分無聊，他便過來向我們搭話。他十五歲、英國人，一句法語也不會說，在巴黎完全沒有熟人，只因為在英國的公寓正在搬遷中，便決定舉家來巴黎度假。他很親切，我們很快就喜歡上他——看到他，便使我們想起自己的青少年時光，因而十分同情他的處境。我們提議一起出去喝兩杯，他欣然同意，但得先取得他父母的同意。我們五人因而膩在一起，再加上馬克與他的小女友。有了這個女孩在場，我們認為更能讓男孩的父母放心點，起碼不是讓他們的兒子，與三個年輕男人廝混。但我們向來都待在公寓裡，因此這次也沒有去街角的咖啡廳，而是直接把這位喚做安東尼的男孩直接帶回沃日拉爾路那裡。

公寓立刻讓安東尼嘖嘖稱奇，目不轉睛地流連於米歇爾的物品間。這裡顯然與他之前所去過的都截然不同，我們說若這公寓不是米歇爾的，決計沒法給他這樣特殊的印象。然後他在合理的時刻離開，安東尼提議，如果他不令人感覺無趣的話，請我們明天再去找他。於是我們一起度過了一個又一個的明天，每一次都由我們四位做陪——三個年輕人、加上一位馬克不時替換的女友。一名女孩在場，對我們來說，非但不會讓我們感覺不方便，反倒更有好處，即便這個女孩每次都不同人。安東尼的父母不太關心這事，任憑孩子與我們走，展現一種灑脫的態度。我們替眼前這位青少年高興，如此灑脫的父母實在難得，而安東尼亦具有能安於此情況的性格，就如同在沃日拉爾路公寓出入的人們所展現的，一種質樸、隨和的風格。第三晚離開前，素來活力充沛的安東尼，問說明天自己是否還能再來。「當然！」他說明天不需要來領他了，他可以自己來。

此後，他便日日來報到。除了不睡在這裡之外，幾乎和我們一樣住在這間公寓裡了。我們對不能給他介紹同年齡的男孩，感到十分抱歉。於是，盡我們所能地給安東尼最難忘的假期，成了我們的任務。

我們在這裡的生活無憂無慮，他的出現一點也不影響我們，就只差讓他加入「那個」了。我們在與安東尼一起冒險時，還是持續嗑迷幻藥。我們並不慫恿他一起。只要他沒有太早來報到，我們就可以在他來之前享受一下，否則就得背著他嗑。嗑了藥後的滑稽神智，現在我們已有足夠的經驗能夠正確掌握，反倒讓我們在與他交往時，有種深度的複雜。年紀不再是障礙，我們已經在與米歇爾的交往中，體驗到忘年之交的感覺了。客廳實在大得可以，大到我們覺得應該好好利用，於是我們生出了在客廳玩飛盤的點子。而這是個絕妙的經驗，非常有趣，讓我們有時笑到都影響準頭。我們分做兩組，玩得不亦樂乎，好幾次回擲明明就很好接，卻因為笑而漏接了。然後漏接又變成了額外的笑料。此一遊戲讓安東尼非常驚喜。此外我們一直害怕飛盤會打到掛在「馬勒角落」牆上的畢卡比亞（Francis Picabia, 1879-1953）[1]畫作，因此將這區用東西牢牢保護著，如同堅實不破的阿拉莫要塞[2]，這讓我們順勢玩起了打仗遊戲，混合了日本武士與西部牛仔風格。我們少說都二十五歲了，在那一刻卻表現得完全不像個成年人。特別是馬克，他因為工作的關係最少出現。而傑哈爾，現在工地打黑工，此時也不在。只有我在夏天非常自由，可以隨意安排自己的工作時間，成為唯一一位全程占有這間奇妙公寓的人，玩著各式各樣的遊戲，而安東尼卻不知道，這都是因為我們偷偷服食迷幻藥的結果。若這位青少年沒有及時出現，我們也許還不會發現，自己的生活原來這麼有意義。

安東尼來敲門的時間越來越早，並待到越來越晚，偶爾也在公寓裡與我們一同晚餐，有時甚至待到能幫我們替養在陽台的植物澆水——這是我們每天在夏日日落後才進行的任務。這些植物看起來狀況不妙，我們實在不擅長園藝。

安東尼有意無意地與我們聊起女孩。他無疑比他的父母更加敏銳，使他顯得事事謹慎而為。當他與傑哈爾和馬克打打鬧鬧、玩些男孩間常見的遊戲時，總是最常若無其事地站起來的那位。與我，他則更趨向保守，彷彿在撩撥我的欲望。他告訴我們，自己還是處男，語氣中好像想盡快擺脫這現狀。我們想起薇樂莉，這是我們三人能想起的女孩中，最有魅力、也最為開放的了。這些年來，我一直沒打過電話給她，我一打給她，就提議讓她幫安東尼破處，她當然一口回絕。這讓我感到恥辱：這個青少年明明那麼誘人，又那麼好說話，我幻想著能擺脫自己這該死的害羞性格，跳出來爭取為安東尼破處的機會——如果他也這麼想的話。然而，他顯然只對女孩有興趣。這個想法已經預設了被拒絕的可能，即便他沒有親口說出。但只想著這事，也讓我開心，讓我發笑，直到傑哈爾提醒我，當安東尼在場時，我表現出不同於平常的活力與粗魯。這讓我想起一件事。在我與認識薇樂莉有個把月時，有一晚她的妹妹與我獨處，我倆短暫並交心地聊了起來，我真切感受到這女孩深獲她們家的真傳。她講述了少女時代的一段往事，有個戀人打死不退，就是想和她做愛。

譯註

1 法國畫家兼作家，風格偏向達達主義與超現實主義。

2 一八三六年，美國德州在脫離墨西哥的獨立戰爭中，於阿拉莫要塞（Fort Alamo）發生了圍城戰。後雖由墨西哥軍隊獲勝，卻激勵了之後的反抗，最終使得德州脫離墨西哥獨立。

「我呢，一點不想。但他堅持了一天又一天，而我也實在也沒有抗拒的理由。但有一晚我讓步了，遂了他的願望。但我當時並不了解，從這時候開始，我再也沒有理由拒絕了。這持續了好幾個月，最後我必須對他發脾氣，可是我卻已經深深愛上他了。」她邊笑邊總結給我聽，那講述身體之愛的口吻，不必刻意搞笑，光是內容本身，就已經讓我忍俊不禁了，我完全管不住自己的嘴角。

傑哈爾興起了帶安東尼去放映會的點子。我才不敢那麼厚臉皮，但我欣賞他面對美好事物盡量占便宜的本事，這毋寧是讚揚這些事物最好的方式。身為影評人，我天天都去試映會上看電影，在暑假期間，放映室內的座位有四分之三都是空的，使我有了底氣，去向媒體公關開口，是否可以攜伴前來。從那時開始，我們都結伴同去。於是安東尼生平第一次，來到私人放映室，欣賞一齣還未在歐洲上映的美國電影毛片，也可以在這尚未製成戲院版本的影片中，聽到他在異鄉久違的母語。我們平時都和他講英文，他在巴黎也僅只有與父母與我們來往，因此他的法語完全沒有進步。放映結束後，我們邀請他共進晚餐，他看起來分外開心。這也讓我們開心，因為他的假期一開始形同災難，現在看來已經柳暗花明了。這顯然也是米歇爾所期望的，他希望他在沃日拉爾路的公寓，能造福越多人越好。

某個週日，安東尼一早八點半就來了，平常他都是按承諾中午才出現。那時傑哈爾與我正要出門，前去與我父母共進午餐。我們不知道該做什麼、該向他說什麼，也不敢將他晾在門外等，只好讓他單獨留在公寓內。當我們兩個惴惴不安地回到公寓時，卻發現他剛洗完水槽裡頭的碗盤，而公寓的其他地方，早已被他打掃得乾乾淨淨。我們又不知道該和他說些什麼了，只好一個勁地向他道謝。

我們快樂地生活著，平靜地迎接八月底的到來，而一切都將結束。這戶公寓的魔法也有時效的，我們一直都知道，歡樂的假期總有結束的一天。但我們不清楚米歇爾回來的確切日期。

「無論如何，他才不會傻到八月三十一日當天趕回來呢，哪有那麼急迫？」傑哈爾說著，我笑了，感覺像違犯了某項禁忌，管他的呢。

聰慧過人的米歇爾，用著我們不知道的方法，總是能一邊展現友善，一邊使他的公寓充滿光輝。聰明如他，肯定也不會在九月一日回來，不會挨著假期結束的日期那麼近，也許是在二日或三日，我們模糊地回想著米歇爾走前說過的話。

最後我們決定在八月三十一日，開一場告別派對，邀請所有在這個夏天曾與我們共度美好時光的人前來。到了九月一日早上再開始收拾打掃，然後早早離開公寓。

安東尼是這場告別派對第一位到的客人。每個人都對他感到好奇，因為他的年紀不適宜待在這個團體裡出沒，經過這位青少年本人的解釋，眾人更加訝異了，他的父母居然容許他與我們廝混，在我們眼中，世上哪有這樣的父母呢！馬克、傑哈爾與我，雖然都擔心他是不是得不到父母的關愛，卻從未問過他父母的事，無論如何，他們給予了安東尼自由，安東尼也從來沒提起過他們。我們買了許多涼菜來吃，直到大家都找好地方舒服地躺平。突然，大門打開了。是米歇爾！他的確按照原先預定的八月三十一號回來，雖然遇上了塞車晚到了一會兒。我們都上前抱抱他，他於是收起他的驚訝，坐在沙發上。我們開始尋思這場告別派對該如何收場，並為米歇爾提供公寓給我們，向他致上最大的謝意。直到晚上十點，電鈴又響了，蔻銀來了，薇樂莉的親妹妹。因為她那天稍早覺得身體不適，我們便讓她等到舒服一點後再過來。沒想到公寓主人米歇爾居然在場！對於事情會如此發展，蔻銀也十分驚喜。對米歇爾來說，很開心看到又一個人光臨他的公寓，打趣道依照公寓的尺寸，還需要更多的群眾演員，來讓這場景更加精采，好像我們重演了馬克斯兄弟電影中，那擁擠的場景一般。

「我去丹尼葉那裡睡吧。」米歇爾說，並且開心地放我們繼續玩。

九月一日那天，我依然在沃日拉爾路那吃晚餐，卻只剩我與米歇爾。當天早晨，我與傑哈爾起了個大早，動員所有的機器：洗床單、洗衣服、脫水，吸塵器到處逡巡，直到公寓恢復原狀。這次可沒有安東尼幫忙了。然後我們早早離去，故意不要再讓米歇爾遇到我們，以便他可以回到一個安靜的、無人占據的家。他接著在下午打電話給我，邀我當晚共進晚餐，於是我又回來了。我到門口時特意按門鈴，而不是用手上的鑰匙開門。事情又回到原樣了。米歇爾為我開門，帶著一抹淺笑，卻因為極力表達善意，看起來那麼燦爛，而我卻極力表現沒有什麼不同。但米歇爾肯定知道，他的回歸讓我無以復加地開心。

這解釋了這處玄關為何讓我感到舒適。公寓的玄關是個一公尺見方的小區域，燈光不亮，看得到大衣掛架隱沒在門縫處。這增添了神祕感，若要離開公寓或要進到客廳，必須穿過一道尺吋特殊的門，更讓玄關從公寓中獨立出來。從客廳那看過來，這道門高得直到天花板，有三至四公尺高，看起來就像是道活動的隔屏。

但那些植物看來不妙。即便我們有意識地看顧它們，沒有一晚忘記澆水，但都是在凌晨三點，昏昏沉沉時澆的，所以這些植物全死光了。從米歇爾對我講話的口吻推測，我可以免除全部的責任。他最感興趣的還是安東尼，這個男孩究竟是誰。我向他講述了過程，他興味盎然，好像他就是為此才借我們公寓的。植物什麼的，一點也不重要。

「我昨天一進屋，立時感覺到，見到我他好像並不開心。」米歇爾在最後對我說。毫無疑問，安東尼將米歇爾的歸來，視為自己被逐出公寓的徵兆。但無論如何，他的父母也差不多要把他帶回英國了。安東尼也應該能感受到，我十分開心看到這間公寓的真正主人回歸，就算接下來還得面對繁瑣的搬家事宜。

2

冬天伊始，米歇爾又接受了美國的邀約前往授課，我與小伙伴們於是又搬進公寓裡，好像之前什麼也沒發生。相反地，我們過得更加愜意，基於我們之前的「照顧」成果，讓我們再也不用顧慮陽台上的植物。

一天下午，我與一名通信多年的筆友見面。這個男孩比我年輕得多，一直想要成為作家，而他的信給我一點韓波（Artur Rimbaud , 1854-1891）[3]的感覺，因為他在信中提及，自己這些年在熱帶地區一帶活動，是為了習練自己多樣的謀生技能——多麼了不起的咖啡廳侍者呀！實際面對他，並不會使我對他筆下的東西幻滅，反倒維持著一貫的好感與吸引力。我提議今晚來公寓喝一杯，他接受了。越接觸他，越覺得他帶給我的好感與吸引力日益真切。這個男孩非常能喝，一切都與他這位前衛文學家的身分相符。這使傑哈爾與我都顯得異常節制不貪杯，當天晚上也什麼迷幻藥都沒嗑。我們聊了很多，我倆的關係也隨之增進不少。我暗示男孩，他今晚可以留下過夜。這位名叫皮耶尚的男孩，首先擔心會不會給傑哈爾添麻煩——他誤會我和傑哈爾的關係了。但貼心如傑哈爾，早已悄悄穿過客廳的櫥櫃，回到套房的床上，間接回答了皮耶尚的疑慮。因此他便不再推辭，欣然留

——譯註——

3 法國象徵主義詩人，早慧的韓波十五歲便已蜚聲詩壇，卻在二十歲時封筆，留下許多膾炙人口的詩作如《醉舟》（*Le bateau ivre, 1871*）、《地獄一季》（*Une saison en enfer, 1873*）。韓波與詩人魏倫（Paul Verlaine, 1844-1896）的同性戀情非常知名，不過在被法院定罪並與魏倫爭吵後告終，韓波便開始自我放逐的生活，曾浪跡荷蘭屬印度，也就是現在的印尼，後來在非洲一帶活動，曾經參軍，也幹過軍火走私，其傳奇性的一生於一八九一年因癌症告終。

宿。

他脫衣半裸，然後我幫他脫去另外一半。我們全裸躺在一起。一向不大喝酒的我，吞吐著他的氣息，擁他在懷，很快地也有了醉意。他在我累癱在他的身上前，就已沉沉睡去。這醉酒後的好眠，似乎令皮耶尚獲得最大的快樂。我則是欲望的奴隸，既不接受、亦不拒絕。無論如何這個夜晚是如此美好。彼此不知道是否還會相見。清晨不知何時，皮耶尚就離開公寓，走在巴黎的街上，然後離開法國，前往倫敦。

那天下午，我與傑哈爾前去一場人種學紀錄片的放映會，我要為此寫一篇評論。在嘗試過鴉片後，我們考慮嗎啡，不過卻難以取得，但我們弄到了一點海洛因。在去放映會前嗑藥，我還是頭一次這麼做。放映廳幾乎空無一人，因為這部片子片長超過三個鐘頭，並只向有限的大眾開放入場。我們一屁股栽進柔軟的扶手椅中，好似躺在床上，我在短暫而輕微的意識斷片中，感受到戀愛的愉悅——我難以睜著眼睛看完整場電影，然而我所看到的片段，皆與我的意識狀態完全符合。我覺得電影情緒澎湃，呈現出熱情洋溢的觀點，這激起了傑哈爾的訕笑：如何推薦一部連我自己都沒法專心看完的電影呢？但我並不覺得自己在騙人。一部作品得足夠才華橫溢，才能跟上我與我的感受力。海洛因都不像鴉片的口感，但它們都很溫和。當我的神智回復正常，藥效散去時，我開始有點焦慮，想起再無法與我的情人聯絡——他在英國還沒有地址。

公寓客廳末端的桌子上，放著一個包裝整齊的包裹，外觀看起來應該是糖果或蛋糕。

「不如我們吃了它吧？」傑哈爾說。

我通常會大聲嚷嚷著來阻止，因這樣的行為與我的禮貌完全相悖。

「米歇爾離開很久啦，這些甜點到時都壞了。」傑哈爾說服我，而我無話可說。即便偷吃的罪惡感，多多少少影響了甜點的風味，但這餅乾著實美味。艾維當晚也來公寓，找我們一同晚餐，我們笑嘻嘻地勸他也吃一塊——就像一本青少年讀物裡頭的故事，三個性喜鬧事的少年，分給家庭教師一塊蛋糕，然後私吞了其他原先要給別人享用的部分。到了點心時間，當父母親萬分驚訝地遍尋蛋糕不著，他們就宣稱是「與修士先生」一起吃掉了，修士先生於是有理也說不清。拉艾維下水，對我來說是種政治手段，以防事跡敗露。於是這些餅乾並沒有留到隔夜。

隔了一天，又出現另外一件事使我掛心不已。我的皮膚開始搔癢，而且越來越難受。我於是去看醫生，經他分析後，確認是疥瘡。我不禁一肚子火——我得過疥瘡，明白要將之根除實在是痛苦非常。上回，我得去聖路易醫院洗上一個疥瘡澡，讓他們把十來個男人與男孩聚在一塊，要大家光著身子，進到一個大浴盆中。一名護士站在盆前，表現得非常專業，波瀾不驚地看著眼前的場景，完全沒有情欲的感覺。但即便換做是我，也不會和她不同。她用滾筒將藥品擦在我們的皮膚上，把我們都滾成黃色。藥力使我們的敏感處異常灼燙，然而全裸的時候根本無處可藏。我可不想再試一次。我從藥房買來成藥，接著裸身躺在客廳的毯子上，開始往自己身上胡亂塗抹。我隨即就在原地跳起舞來，一隻腳踩在另外一隻腳上，只為了多少紓解一下那如火燒般的疼痛。

再隔一天，傑哈爾不知從哪裡回來，我向他坦承發生什麼事，也勸他該灑一點我買回來的藥。

「但難道不該等藥效退了之後，再抹上新的藥嗎？」他說。

我沒想到這層，但他還是得用藥。兩人於是立刻渾身脫了個精光，我把藥撒在他身上，這藥的效力之烈，完全沒讓人有等待的時間，皮膚馬上就產生範圍性的刺激，而且二十四小時內得施用兩次。

此外，無論是誰，對抗疥瘡都還有一個步驟要做。那就是得將床單用高溫煮過，接著再洗過、噴灑殺蟲藥。晾床單時，讓我們第一次覺得這公寓的尺寸實在不算大。經過這一遭，唯一的好處就是我大可假裝因衛生的理由去掛念我那新歡，而不會惹惱傑哈爾。我們必須早點通知皮耶尚，他想必正是感染源。好癢，而一開始只是不適──我不該撓癢的。我對日常生活可說一竅不通，如果傑哈爾不在的話，我根本不敢用洗衣機，彷彿他是我洗衣服不可或缺的人。但他另有約會，必須出門赴約。

「你肯定會搞得手忙腳亂。」傑哈爾臨出門前對我說。

我嘗試過了，洗衣機在廚房內，當時我還從未自己操作洗衣機洗過髒衣服，因為我家沒有洗衣機。但我覺得，自己應該有能力克服這機器，因為它並非是設計給專家用的。我轉動溫控旋鈕，想把它調到最大，但不知怎的，旋鈕卻留在我的手上。我單獨一人在公寓內，遠離我的新歡，從頭到腳一絲不掛，滿身都是藥劑，灼痛、搔癢難耐——我小小崩潰了一會兒。我找到白朗牌洗衣機的售後服務電話，打過去，在轉接過一個又一個服務人員後，他們最後說，必須要去他們在鄉下不知何處的工廠，重新購買一枚旋鈕。然後這通付費電話，還得收我九毛九。這微不足道的小錢，在我巨大的挫敗上，又新添加一點零頭。我只好前往聖拉薩爾車站，所幸在路程中沒搞錯火車、亦沒搭錯公車，到達工廠時，他們還沒打烊，更幸運的是，還有幾枚旋鈕的存貨。任務達成。當我回到沃日拉爾路那，傑哈爾早已回到公寓，等著聽我獨自一人與那台機器搏鬥的悲慘故事。我向他講述今日的歷險，好似他將我一人遺棄在叢林中。但這故事只是讓他發笑，我也止不住地笑了起來。他獨特的懺悔方式，就是將新的旋鈕換上，然後分外小心地親自扭動看看。

大門口的電鈴突然響了，我們沒有預期到這時會有訪客。原來是丹尼葉——米歇爾的伴侶——他並沒有隨著米歇爾去美國任教，而他不可能沒發現，沒有多少公寓會滿布殺蟲劑，到處都是難聞的白色粉末。但他卻什麼也沒說，只是對他的打擾向我們賠不是。但這時打不打擾根本無關痛癢。

「我只是來拿米歇爾為我準備的高纖餅乾。」他說。

沃日拉爾路的生活，既是一份恩賜，亦是一道詛咒。除了米歇爾，這世上再也沒有人，會讓我們希望表現得更加穩重，這是在受到他這麼多恩情與尊敬後，合理的表現；但也無可避免地，因為這份心思，使我們感覺自己就是個廢人。平時對甜點是如此克制的我，現在卻不得不給丹尼葉一個解釋，這讓我感覺很糟。然而在我可悲的說辭最後，我呆立在原地，竟找不到詞彙來總結這一切。他於是一片餅乾也沒能帶走地離開了。留下我們尷尬地笑著。

我和弟弟聊起我們那些父親拿過諾貝爾獎的朋友們。弟弟問我，在什麼樣的條件下，才能確定人們不是為了接近他們父親，才與他們做朋友的？我知道，弟弟之所以對這問題感興趣，很明顯是類比到我們家的狀況。我之前從未想過這問題。不管是誰想和我交朋友，對我來說都是特別的，我因此從沒有想要了解他們的動機為何。文學激勵我，誰知道那些與我同樣情況的人，不是因此在文學的互通聲息，而被我激勵呢？皮耶尚就是藉投稿我負責的期刊，與我相識，進而書信交往，我也因此刊出他的文章。他的回信很快就變得熱情起來，因此開展了我倆接下來的故事。他到底愛上我哪一點，不重要，只要他愛我就行。就在他離開巴黎前，我向他說，剛剛得知子夜出版社有一個搬運工的空缺，我可以幫他安排這份工作，總比他當咖啡廳的侍者來得強。他也可以因此留在巴黎。我希望他留下來的期盼，比他自己的意願還要熱烈。我們還為了此事約好了碰面。但這段時間沒有他的消息，而我因此如著了魔般痛苦著。我因此一頭栽進了《戀人絮語》（*Fragments d'un discours amoureux*, 1977）的閱讀，這是我從公寓客廳的書架上找來的，是少數幾本我尚未讀過的羅蘭・巴特（Roland Barthes, 1915-1980）的作品。然後我就平靜下來了。我不停翻看，一章接著一章，彷彿我的心事全寫在裡頭。

我的情人已經消失了好幾個星期，苦於沒有他的消息，我萬念俱灰。馬克陪我回家一趟，處理些必要的事務，順便拿信。等等，皮耶尚並不知道我們曾相擁共枕的地方是哪裡，那麼他可能會寄信到他唯一知道的地址，也就是我家！猜對了！我收到一張明信片，但不是來自倫敦，而是雪梨，上面並沒有載明近期內可能相聚的保證，但結尾寫著「我愛你」。我連忙拿給馬克看，開心雀躍地活像隻小公雞，得到了感情回饋的保證，快樂無比地回到沃日拉爾路的公寓。

愛情若僅停在感覺層面，則無比美好；但若能實現的話，也不是壞事，我也熱切期待著。我與皮耶尚展開的通信，在我看來太缺乏實際行動，然而在見面後，這段戀人關係彷彿又被下了一道新魔咒，並從此時刻折磨著我。為排遣憂慮，我又重新讀起了《戀人絮語》。

直到米歇爾回國，我都沒有再見到皮耶尚。我迫不及待地向米歇爾吐露。他專注地聽我說著那些戀人間那些瑣事，絲毫未露倦意。在稍後的晚餐桌上，我又向他說起這事，然後又在通電話時，頻繁地講著。皮耶尚後來回到法國，但沒回到巴黎，因此要見上他一面並非易事。於是，我們產生爭執。我不知道該怎麼辦，慌亂之中，我又向米歇爾尋求建議，他給了我意見，卻沒要強迫我接受。他不認為自己給的建議一定都對，僅僅要求我別把責任都攬在身上。我因此全然接受他的建議，並接受我行為的結果，是不可抗拒的事實，而非愚笨策略的下場。

如此有效的建議，哪有人會不接受。但在其他點上，米歇爾卻非危機處理大師。事實上，我早已不自覺地，把自己全心交給他。我從來就沒想過與這樣年紀的人，能有如此親密的關係，更別提是米歇爾這等人物。我對他全然忠貞，也毫無窒礙地設想米歇爾也是這般對我，他的行為正表明了他的心。或許不該說設想，而是他早已內化於我，不須反思就能確認。

說起其他點，米歇爾後來順口提到，在我住在他公寓的那段期間，洗衣機不知怎麼搞的漏水了，讓樓下鄰居家泡在大水中。

3

我與皮耶尚的愛情後來結束了，我卻因此染上酒癮。與他共度的第一晚，他的吐息令我迷醉，並教會了我酒精的美妙。我拉著艾維一起去酒吧，幫我壯膽，讓我把欲望轉移到其他樂子上，去向那些冰山美人搭訕。我喝了一兩杯琴湯尼，不顧晚上剩下的時光要怎麼繼續。一晚，在艾維悄悄留我一個人，自己先開溜時，我注意到一位讓我無比動心的男孩。我看得出來他一開始並未拿定主意，但我對自己的遊說有信心。然後，那晚我帶他回家。奇怪的一晚，我感覺自己又戀愛了，但有預感，自己將再也看不到他了。在做完愛後，我刻意不睡覺，好讓自己貪婪地享受他在身邊的感覺，以及他的裸體。早上離開時，他沒有留下電話號碼，那肯定再也見不到了，我不禁難過起來。

如果我與皮耶尚的故事，讓米歇爾陶醉。那麼這位瓦倫坦的難纏，比起皮耶尚，至少創造了更多快樂。

「對，可以說他更加玩世不恭。」米歇爾欣喜地回答道，當我開心地與他解釋我前後兩任情人的差異。與瓦倫坦在一起更加美好，但與他的故事同樣地不光采。

「所以，你自第二天的陽光升起，就再沒見過他了嘛。」艾維回我，當我纏著他不放，說著瓦倫坦的美好時。因為我在夜幕低垂時遇見他，而他又於清晨一早離開，完全不給我機會再看他一眼。他有時會打電話來，但不說他什麼時候會再打來，讓我出門時，總是提心吊膽，生怕會漏接了他的來電。

我生日那天，與米歇爾單獨約在沃日拉爾路那晚餐。起碼我是這麼認為的。但是一個接著一個，傑哈爾、艾維、馬克、迪迪耶與埃利，從扶手椅後面、沙發後面，以及套房的假櫥櫃裡頭一一現身。埃利是我小時的朋友，但在青少年時期許久沒聯絡、最近才又出現的朋友。迪迪耶則是我介紹給米歇爾認識的新朋友。在我的家族傳統中，驚喜非常少見，今日我算是好好體驗一次了。我當然很感動，但即便在這樣驚喜的場合中，我仍開心不起來。

「瓦倫坦才是我最想看到的人。」我向傑哈爾說，他擺出一副「我試過了，但失敗了」的表情，回我說：

「我知道。我也希望。」

外出旅行成了米歇爾出借公寓的間接手段，彷彿只要讓公寓空著一天，就讓他渾身不自在。而當我們又要搬進沃日拉爾路那時，我沒有接到瓦倫坦的來電，因此無法給他公寓的電話號碼。住在「沃日拉爾路那」，這個名字囊括了整間公寓及身在其中的生活方式。雖然住在這裡的驚喜日益減少，更多的是習慣，卻也依舊愜意。有天我回自己家處理事情，瓦倫坦碰巧打來，又在三天後打來沃日拉爾路這邊，從此頻繁來電，一講就是沒停。但大多數的時光，我都是獨自一人在公寓，一室日照充足、明亮燦爛，頓時覺得空間太大，我總是大大伸幾個懶腰，深深吸一口氣，並沿著公寓的邊緣不停踱步，或者乾脆盤腿坐在地毯上。一晚，瓦倫坦與我約在地鐵站見面。約定時刻到了，他卻沒有來，一個小時以後，還是沒有出現，直到我決定放棄等待，並決定與他分手。我回到沃日拉爾路那，向傑哈爾講述我的悲慘遭遇，但他也無能為力。瓦倫坦從此不再打來了。

一天早晨，我從公寓的床上醒來，還帶著昨晚的夢，夢中的內容很簡單：我與瓦倫坦纏綿。清醒是粗魯的。我對夢裡的景象感到惋惜。在我生命中，已有許多事一去不復返，快到讓我來不及好好瞧瞧它們的全貌，幸福，總是難以掌握。傑哈爾說我必須和瓦倫坦做個了斷。他的建議我很少採納，即便他如所有的建議者一樣，一再保證自己的辦法有效，問題還是在我，因我永遠無法痛下決心。我嘗試忘了他。在一次聚會上，我嗑了眼前所有能見到的藥物，問了一個男孩是否願意同我走，但他不願意；另一個男孩，也不願意；終於問到一個女孩同意了。於是我帶她到沃日拉爾路那。春宵一晚，有好多年我沒有與女孩共枕而眠了，但一個女孩無法讓我從瓦倫坦那掙脫，沒有哪個女孩能，沒有任何人能，除了瓦倫坦本人。

在這個女孩之前，我前一個發生關係的女孩，可以回溯到好多年前了。她是我的老情人，有天重回我的套房，想要留下過夜。而她當晚聊到她的另一名情人曾經講起我，說我是個屁精，還嗑藥，並且是米歇爾．傅柯的朋友。我將原話複述給艾維聽，但不敢告訴米歇爾。但艾維還是簡短地轉告了米歇爾。沒想到他卻十分開心，壓根兒就沒想過在他身上，會被加諸嗑藥與同性戀建構的惡名。但我可享受著怨恨這男孩的權利：就好像交通規則，我合法從右邊轉進，我有優先權那樣。當你有權，可以理直氣壯地向一個人發脾氣時，你卻忍住，該有多麼可惜啊。然而，我卻沒有辦法與瓦倫坦絕交，即便言之有理，即便這份建議真實不虛。

在皮耶尚後，接著是瓦倫坦：這兩份戀情都發生在我住在這間公寓之時，使這處空間同時乘載了我的激越，以及極力想壓抑這份激越的意圖。我再次讀起了《戀人絮語》。我在自己家裡時沒想過要看，只有在沃日拉爾路這才讀。我完全就是巴特所形容的狀態——「非想掌握」（non-vouloir-saisir），當為了我的情人好，我必須要放手時，那麼這並非一種無關情感的策略，而是既光芒萬丈、也黯淡的現實。我做不到。對我來說，這就是反高潮，我們更應該喊它做「小死亡」（la petite mort）[4]，因為一旦這麼做，必須要殺死自己的某一部分。

我知道自己還年輕，卻已經開始緬懷青春。我將青春視做一次機會，一次獨一無二的機會，而我絕對不該錯過。

沃日拉爾路公寓恍若間咖啡廳，或是活動中心。所有我們的朋友，當他們經過這附近時，都會上來走動走動。而當我們住在這邊時，總是在晚餐前約在這裡碰頭。我們亦在此遇見李察，一位與迪迪耶同住的男孩。他在傑哈爾急著用錢時，給他一紙在悠普旅行協助公司（Europe Assistance）[5]工作三個月的合約，李察自己也在這家公司一個還算重要的崗位上服務。因為情況緊急，傑哈爾顧不上自己對上司們的討厭，接受了這份工作。工作時，因為以前李察徵召來的臨時工，形成了一種約定俗成，所有人都理所當然認為傑哈爾是同性戀。他因此擔憂不已，因為他正想與公司的一名女孩展開一段關係，害怕會就此告吹。相反地，完全沒有。薇若妮卡很快就與這名超級誘人的男孩在一起，她對性也沒有絲毫粗魯的潔癖。到了某一天，她終於開心地釐清了傑哈爾並非同性戀的誤會，而他們彼此對性的胃口，無論是粗魯、還是細緻的，都一天一天更加緊密。既然他們已經同居，當傑哈爾與我再次占領沃日拉爾路公寓時——我們開始用「再次占領」這樣的語氣，這是遊戲的一部分——維若妮卡也隨他搬了過來。

我呢，我才剛與一名新的男孩度過一夜，我也向他邀約新的一晚。他也順道接受了。派翠克也因此搬進了沃日拉爾路。我們兩對戀人從此住下，除了情況越來越好，其他什麼也沒有改變。我並沒有給派翠克鑰匙，我在酒吧遇見他，幾乎不知道他的來歷，而這是米歇爾的公寓。但傑哈爾給了他鑰匙——當然是背著

——譯註——

4 法語性高潮的俗稱，中文有時翻做「欲仙欲死」。

5 法國的保險公司，創立於一九六三年，主要業務為旅遊平安保險。

我。這男孩年方二十，與母親和一隻貓住在郊外。瓦倫坦仍然在我心裡，我僅僅是暫時被吸引，並沒有移情別戀。派翠克問是否可以養隻寵物，我們雖然不確定米歇爾是否對動物過敏，但也不想管那些繁文縟節，便同意他了。因為兩位新來的住客都很有同情心，薇洛妮卡也有車，一晚，他倆驅車要去把那隻貓帶來，傑哈爾與我則待在家中。我們兩人打趣說這是薇洛妮卡與派翠克為了私奔，在我倆眼前合演的一齣戲，然後我們將再也看不到他們。傑哈爾還補充，也許他倆沒有壞心思，只是覺得太了解我們，覺得我倆會覺得終於找到一個好機會，能在公寓內獨處。前面的假設是錯的，後面的臆測卻是真的，但兩者都有點古怪，也卻都讓我倆發笑。

幽默讓我們更加完美。一天下午，傑哈爾、我與馬克，我們三個一起嗑迷幻藥。我們舒舒服服地坐著，彼此十分靠近，但面朝不同的角度。馬克說起我穿的藍色毛衣，他覺得藍得很漂亮，藍色越變越深，他認為這是在幻覺底下的效果。「真漂亮，再更深一點，我便能隨它同去。」馬克看似開玩笑地說，但這卻是他的真實感受，特別讓我們津津樂道的地方在於，這個例子一方面表現藥效成功攪亂了現實，另一方面讓施用者知曉他所看見的，是藥力所致的幻象（但他的確是看到了)。好像那在每一個瞬間所形成的序列中的毛衣顏色，成了我意識朝向自己，也就是用藥者的內在事件。使我在腦袋深處，能同時支配現實中帶淺色與帶深色的元素。我們很開心能夠妥善駕馭迷幻藥的藥力，還能同時適切地開著玩笑。這樣的事情放到其他精神狀態來看就沒意義了，但卻會產生意外的幽默，而非只是讓人笑到抽搐的笑料。

在迷幻藥藥效中，我們最愛彼此模仿，將眾多感受凝縮到一個臉上表情或者姿勢的能力，或者以一個適切的口吻講出一個字。在一瞬間，無論是這個模仿本身，模仿的那人以及在場其他人，都能完美地理解。這種疾速也帶來了喜劇的深度，我們的想像力從沒被這樣被滿足過。一晚，馬克領著我與傑哈爾參加朋友的派對。我們很快就感到厭煩，而且派對的椅子不夠，讓我們站得腿好痠。傑哈爾在緊鄰客廳的房間——宴會還沒有染指到那裡——發現了一把空的椅子，我們於是能在那裡坐著歇歇腳。我和他一起。同時，一場屬於我們的遊戲逐漸成形：要設法把另一人趕下去，讓自己獨占整張椅子。我們只能用全然虛構的一句話來當做達陣的武器，用話裡的禮貌與客氣迫使另一人站起身來。

「有人打電話找您。」

「馬丁先生在他辦公室等您。」

「您太太與孩子都平安，您應該等不及要去看看他們吧？」

而這又令我們狂笑不止，這樣的句子從口中不停吐出，舉的例子越來越荒謬，詞藻也越來越華麗，我們一會兒坐、一會兒站，玩得不亦樂乎，非但腳不痠了，還越來越興奮。最後我們發現客廳居然沒人了，所有客人都擠來這個小房間，我們的小遊戲反倒成了當晚的高潮，這讓我們開心不已。我們發現即使自己處於清醒之中，也有能力召喚迷幻藥的效力，彷彿我們的想像力已然獲得永久馳騁的自由，而這原先需要倚靠化學藥品來達成，如今卻成為沃日拉爾路那賦予我們的天賦，讓我們隨時隨地皆能四處傳播、收放自如。

這樣的生活，即是我們的日常，即便我們都意識到這有多麼離奇，也因此我們盡可能地享受公寓的一分一毫，彷彿這公寓本身就是迷幻藥。而迷幻藥的日常，就是必須要與米歇爾一道服用。我們三人窩在套房內看電影（週末時，馬克帶著他的女朋友去參加藝術節之類的東西），當初業餘的嗑藥水平已經不復存在，所有的設備都事先安排好，皆能有效運作。我們還是選擇馬克斯兄弟的電影，並非是因為性喜重複，而是如同作曲家馬勒所認為的一樣，我們意識到且不論自身的好惡，整個過程的成功與否，都將懸於精心的安排。這次是《愛情讓人快樂》（*Love Happy*, 1950），馬克斯兄弟的最後一部電影，與前作相隔了數年。輕微的不適感立即湧現——除了馬克斯兄弟已經老了，老到讓我們覺得感覺突兀外，這部電影實在是無懈可擊。只要嗑了藥，不管什麼東西都能令我們大笑不已，但現在我們卻完全笑不出來。電影中的笑料對我們不再有效，我們只看到馬克斯兄弟的皺紋及疲憊。電影很震撼，但它或許更適合在藥效褪去時觀賞，而不是在藥效最烈時，因為因為藥效的關係，這部電影在我們眼前赤裸裸地呈現。我們原先是為了取樂，結果全被感動了，完全是場美麗的誤會。我們被這樣的感覺給嚇著了。老實說，我們並非掉進一場糟糕的旅程中，我們是正好靠近黃線。打從我們一起嗑藥以來，這樣的經驗也不是第一次，每個人都有過在下午時分，經歷過這樣的艱難時刻。但這是第一次我們經歷這感覺——然而我們抵抗、我們堅守，從越來越少變成越來越多。無論如何，這並非失去控制。

米歇爾的年紀，是個值得擔心的課題。我們對他一把年紀，還能嗑迷幻藥感到佩服，因為每一次嗑藥時，都有發生極端狀況的疑慮，我們尚能以年輕硬撐過去，因此更加佩服米歇爾的勇氣。我們認為吞服迷幻藥是種健康的證明，然而有些人就是不敢。偶爾在藥效發作時，我會對我深愛的父親產生同情，我認為迷幻藥可以大量迸生智慧與幸福，我也知道，以他的脾性，他是絕對一口也不會嚐的，甚至連幻想都不會有。這正是迷幻藥的一個特色，以一種不成比例的強大衝擊著我，在藥效的掌控下，讓我痛苦地感受到那由現實規範造成的不幸，彷彿僅剩的人性仍在頑強抵抗，以及當我們擺脫這些束縛之後，所獲得的重新活著的喜樂。

在迷幻藥藥效的末尾，如同平常一樣，米歇爾為我們加熱了一些食物。迷幻藥真是要命，必須要重振精神。我們三個人在廚房的桌子上大快朵頤。米歇爾飛速地動著他的叉子。我也有樣學樣，但我倆獨處時，傑哈爾對我說：

「米歇爾真是瘋了，總是帶著年輕的氣息的他，吃起飯來卻這麼老派。」

他向來不是個會口出惡言的人，所以我也就被說服了。我尋思自己也十分老派，體內住著一個惡劣的老靈魂，帶來的平靜，遠不如帶來的管束多。

4

埃利是我童年的朋友。他幾乎快成了我們家一員，他認識我的父母，而我也認得他的。他與我的父親說話不需要用敬稱，還曾與我們一道去我祖父母那度假。然而在我青少年時期，幾乎與他斷了音訊，只因他上了另外一所高中，放棄了我們原先所在的這所。我曾靠他作弊獲得好成績，大部分的老師絲毫不知情，只覺得我越發乖巧。記得一次夏天，當我的表親與他談起我時，生氣地向他說：

「為什麼你老是模仿馬修？」

這句話雖然撼動了我，卻不及其對埃利的衝擊——我從來就不曾拿誰當做榜樣，無論是誰。

我們再次見面時，彼此都已經到了青年時期。我很開心地將埃利介紹給身邊的朋友們。他們是我有史以來最好的死黨，每一個好友都是藉由中介所認識，每一段相識的過程都是我生命中的美好片段。我將青少年時光都浪擲在閱讀上，而以全才的觀點來看，埃利要比我有建樹許多。看起來他在我們失聯的那段時光裡，不僅人際關係良好，而且我讀過的書籍，他也幾乎都讀過了，還多涉獵了偵探小說、諜報小說及一些科幻小說。他也愛聽古典樂、爵士、搖滾，以及我專長的法語歌曲。對於繪畫，他更是家學淵源，如同我家以文學起家。這個年輕人集聰明、大度與細心於一身，這些特質讓我自小就忌妒他。

我抓住馬克，因為他躲著我們，並挽著蓓拉——馬克在紐約第一次嗑迷幻藥時的伙伴，後來相戀，同時也是埃利的老朋友，並與埃利家十分熟識。埃利也親自認可，蓓拉會是個好伴侶。必須要說，馬克有些時候十分令人惱怒，有時情緒太過暴躁，當他抱抱你、說日安時，他過緊的擁抱，以及他嘴唇碰觸帶來的感受，給人感覺他想要親到你的牙齒、甚至是要深入骨髓。他總是表現浮誇，活像個猶太老媽子，但總是毫無章法，讓人難以信服。但他的善意是真切的，是個非常好的哥們。埃利很快便與傑哈爾成為朋友，米歇爾也很喜歡他，他也成了沃日拉爾路的常客。

我們領他體驗迷幻藥，所有他觸碰過的東西都變得好有深度。除了對文學與藝術的深厚知識之外，他也研究數學，以優異的成績通過最困難的教師選拔，成為數學教師。但他最近才離開在蘭斯的教職，他在那裡的生活出了些差錯，現在準備在巴黎的私人學校找一份差。在我們看來，姑且不論他的豐功偉業，他的生活在我們之中是最沒勁的。但這方面他好像有所誤會，他覺得正在遭受折磨的是我們。

「他是那麼敏感，以致於當我們表現親密時，都要擔心他覺得我們太過低俗。」

我向蓓拉說，這也是我好像比青少年時期更加敏感的原因，無論是出於反應過度還是恐慌，都讓我害怕舊事重演，在我遇見薇樂莉、馬克、泰瑞、傑哈爾、米歇爾與艾維之前。

一次在沃日拉爾路的迷幻藥趴，我們臨時決定要搭地鐵出去轉轉。我們還處在用藥後的呆滯時刻，遠比我們自以為的還要嚴重。車廂裡沒什麼人，薇若妮卡坐在一位婦人對面，傑哈爾與我坐在旁邊的靠背椅上。我們嘻皮笑臉地向薇若妮卡搭訕，裝做我們不認得她，用流氓無賴的字眼來勾引她。她佯裝惱怒地回嗆我們，但其中還是有不言自明的尺度。但顯然玩過頭了。我們下車時，埃利訓斥了我與傑哈爾，認為我們應該更加留心，不該把坐在薇若妮卡對面的婦人嚇個半死，因為她顯然把這場玩鬧當真了。我們有些吃驚，他為什麼沒有早點跟我們說，趁我們還沒有把情況搞得這麼糟之前。現在於事無補了。在被迷幻藥加強的道德感驅使下，埃利繼續當他的理論家，堅持著純粹之物，當我們僅僅只想彼此互通聲息時，他還在炫耀自己多了不起。

我們三人，再加上米歇爾與馬克，五人一同嗑迷幻藥時，埃利帶著自己的唱片，來到沃日拉爾路這。即便他很寶貝他的唱片，還是很大方地從家裡帶來與我們分享。有一次只有我們三個人，馬克讓我們聽夏邦提耶（Marc-Antoine Charpentier, 1643-1704）[6]的曲子，他熱愛他更甚於馬勒，但卻沒有說服我們。此音樂並不討我們歡心，因此在心情變得更糟之前，便就此叫停。鑑於此種情況，埃利接著又放起了歌劇《佩莉柯爾》（*La Périchole*），某方面來說並不無聊，因為我熱愛奧芬巴哈（Jacques Offenbach, 1819-1880）[7]，他有讓我感受歡快幽默的力量。但喜歌劇（l'opéra-bouffe）仍然不足以滿足我們處於迷幻藥效之下時的視聽需求，而且演奏的技術很粗劣，一點兒效果也沒有。我們一致要求提早進到下一個節目，埃利很驚訝，他壓根兒沒想到結果居然是這樣。他該寄望的是最具威望的米歇爾——內行的愛樂人士，絕不會因為我們其他人對音樂的駑鈍而屈服。

十二月三十一日，我們邀請米歇爾共進跨年大餐，並提議晚一點在沃日拉爾路那會面，一起服用迷幻藥，直到午夜。我們都迫不及待，因為除了嗑藥，我們也沒啥好做的。時候到了，米歇爾沒來，我們就逕自開始了。米歇爾很晚才回來，那時藥效帶來的幻覺正在興頭上，因此他再度改去丹尼葉那過夜。在這之後，我們便不再這麼晚嗑藥，因為在夜晚會助長藥性。這可不是個好主意。因為我們跟埃利說起，往常在開迷幻藥趴時，偶爾會看看電影，自詡為我們之中唯一的電影鑑賞家，埃利便自告奮勇選了一部電影——《綠野仙蹤》（*The Wizard of Oz*, 1939）。很快地，傑哈爾與我都發覺埃利之所以選這部作品，只是為了彰顯品味，絲毫沒有考慮到嗑藥時的需求。這部片使我們煩躁，電影的尺寸亦不令人滿意，我們隨即放棄觀看，並挨到公寓的另一個角落。但我們很快又覺得無聊——正是我們嗑了藥後，最不想遇到的狀況。但這樣形容還不夠貼切，不是恐怖的藥效所致，亦非自殘傾向的暗示——無聊，就只是無聊。我與傑哈爾在一月一日清晨離開公寓，在無人而冰封的巴黎街頭溜達。我們意識清醒，更開心於我們的默契，並不需要外在的東西來證明。當我們從寒冷的室外回來，卻精神奕奕時，埃利仍不解箇中巧妙，兀自自吹自擂著自己的電影。

幾個小時之後，我將與家人一起共進中餐慶祝新年，一想到這就讓我沒勁，渾身不自在。在用餐時，電話響了，母親去接電話，然後說電話是找我的。大概有幾世紀那麼久，都沒有人會打來老家找我了。原來是米歇爾，他撿到了我遺忘的皮夾，因此著急地想在我開始擔心前，連絡上我。我完全沒意識到，並在午餐

譯註

6 法國巴洛克時期最重要的作曲家。

7 法籍德裔的作曲家，代表作為《霍夫曼的故事》（*Les Contes d'Hoffmann*）。

後回到了沃日拉爾路處。因為疲勞，或者聲色過度，我一到了那邊就只想躺著。迷幻藥之夜把我搞得精疲力竭。米歇爾說著他怎麼初次在公車站遇到泰瑞，而泰瑞如何被他弄到床上。他又說，那天泰瑞怎麼在這個命中註定的時刻，向他搭訕，問他是否真的捨得讓他自己獨自回家。而米歇爾強調，是泰瑞，這位膽大包天的年輕人，跨出第一步，向他提出要求。若在一月一日這天，米歇爾也向我提出做愛的要求，我也會答應的。他無法不這樣想，但我也沒有提，卻也沒有拒絕之意，但早已做好心理準備。米歇爾並沒有這樣試探，只說了他想要將我拉回正途。即便他傾向不與我做愛，也同樣讓我開心。

埃利邀請米歇爾以及我們，到他家共進晚餐。自從我們在相識之初，艾維策劃的聚會失敗後，沒有人再敢策劃，邀請其他人到家聚會。我們覺得對米歇爾來說，在他家接待我們，會比他移動到別人家更少尷尬，即便在他的廚房裡，無論什麼東西都可以加熱來吃。但這毋寧是一次機會，讓我們變成他的朋友，而不是他變成我們的朋友，而我們也不用佯裝自己與他在關係上完全對等。聚會的時間於是早早就訂好了，但在前幾天，艾維突然發現那天他必須要去慕尼黑，參加劇場嘉年華，他任職的報社要求他一定要去。他提議不如我陪他一同去，也就是我也要向我的報社提出出差的申請，在那我們也能獲得許多機會，與像我們兩個一樣的媒體同行進行職業性的交流。兩方的主編都鼓勵我們，並且祝福我們合作順利。我迂迴地告知米歇爾我倆將缺席埃利的邀約。他說，情況發展至此，是否可以請埃利推遲一下我們的晚餐聚會。我與艾維又是最認識他的人，埃利也與我倆相處得最熟稔，由我們開口，應該十拿九穩能夠推遲。然而我笨拙地搞砸了。當時應該用暗示的方法，因為他防衛心很深，直截了當地講只會碰一鼻子灰。他拒絕更改時間，無論什麼原因，因為米歇爾才是聚會的主客，我們只是陪客，若我們無法到場也沒關係。我十分震驚，鎩羽而歸地告訴米歇爾，說任務失敗了。我們幼稚地以為，我們兩個出馬就能搞定。迪迪耶後來說，當我與艾維人在慕尼黑參加嘉年華時，聚會的那晚，埃利去米歇爾的公寓找他，然後他倆準備搭計程車回到埃利住處，途中卻遇上大塞車。那天有一場警察群起抗議司法部的示威活動，然後米歇爾大搖大擺地混入憤怒的人群中，而這些群眾顯然也沒注意到他。迪迪耶滿意地說道，埃利與米歇爾就是彼此不太合拍，因為米歇爾雖然在嘴上大力誇讚埃利的慷慨，口氣卻盡是不滿。

埃利父親的死，讓埃利大受影響。沃日拉爾路這的生活步調，也被他打亂了。他不僅在我前去與米歇爾共進晚餐時，堅持要一起來，而且還常常在下午不請自來，算準了離晚餐還有很長一段時間，就為了讓米歇爾鼓勵他。埃利認為這樣很平常，若米歇爾需要他，他也會盡其所能為他做任何事，但就算他沒有去找米歇爾，而是在困難時刻找上我們，我們也不會讓他失望。

埃利邀請我與傑哈爾，到他母親的鄉下房子度假，距巴黎一百公里遠。那裡，我童年時曾在那裡度過了幾個週末假期。時值我的父親剛去世十天，埃利提議我們三人一同嗑藥，而藥他正拿在手上。我們試著勸阻他，因為現在情況不適合。但我們失敗了，只好照辦。也正是現在的情況，使埃利想嗑藥。在藥效發作時，通常埃利表現得沒有我們歡快。傑哈爾與我讓他坐過來我們這邊，為了可以時不時地確認他一切都好。我們後來才明白，對他來說，這就是場考驗，他將服用迷幻藥視做對自己的考驗。這與我們對藥的看法大相逕庭——為了不枉青春，我們必須找到一次值得的機會，細細感受自己不凡。我們不禁開始憐憫他。

我生活的步調至此規劃好了：當米歇爾在巴黎時，我留在自己住處，在附近吃晚餐。當米歇爾不在巴黎時，沒過幾天，傑哈爾與我就搬進沃日拉爾路公寓裡，然後我們的死黨群也會跟著進駐，迷幻藥趴接著重新開張。但這藥對我而言有些利尿。服一次藥，我得要跑五次廁所。而這廁所位在與客廳平行的走廊上，在書架之後，以及米歇爾的臥房與廚房間，是這戶公寓唯一沒有窗戶的空間。裡頭的燈光很微弱，待在裡頭並不令人愉悅。這廁所變成我嗑藥之後常待之地方。當我撒尿在水面上的聲音，迴盪在這個密閉的小空間內時，再點上詭異的燈，更顯荒謬。傑哈爾在我第一次嗑迷幻藥時，叮囑過我，千萬不要去照鏡子，看見自己因藥力而扭曲的容顏，會讓嗑藥的過程變得糟糕透頂。奉墮落的惡魔之命，我從不能停止往上瞟，去看浴室鏡子內的自己。當我尿尿完洗手時。一開始只敢飛快瞥一眼，之後越來越頻繁，我面鏡自視的時間越來越長。容顏中應有的青春，完全消失無蹤，取而代之的是滿臉的蠟黃與鐵青。第一時間，我覺得自己像個吸血鬼，這副尊容便是最好的證據。我毫無怨言地接受。我就是我，一個失去真身的德古拉的化身，是這戶公寓中廁所的住客。

米歇爾的盛名，肯定多少影響了我對他的感情。但是哪一個部分呢？無論如何，我全心全意愛著他。一次下午的公寓迷幻藥趴，我們打開電視機，裡頭正在報導著一位伊朗的流亡沙王的死訊，這讓米歇爾悲從中來，好像與伊朗舉國同悲。我突感一陣焦慮，傑哈爾也馬上受到感染，一切來得如此猝不及防，在這個不受控制的狀況下。無論是什麼東西激起米歇爾一絲一毫的不適，在我們看來都像是違犯宇宙的定律般不可理解。後來又遇到一次，我們早早就感受到山雨欲來，因此在這樣侵略性資訊來臨前，意守中關。後來僅僅只有米歇爾一人受到衝擊，沒有波及他人。

一天，米歇爾不與我們一同用藥。迷幻藥趴因此剩下五人：我們四個，再加上阿蘭——米歇爾的一個朋友，比我們大上十多歲，與我們一見如故。我們在沃日拉爾路那準時集合。米歇爾說他今天有些不適，但不反對我們自己享受。他將自己關在套房裡——除非有租電影來放，不然我們已經很少進去了，這一次，也沒有租。阿蘭表現得十分自制，安安靜靜地待在原處，與米歇爾說話，當我們正在藥力作用中時。他卻把迷幻藥揣進口袋，想留到下次與他人一同享用。這狠狠地逾越了我們的底線，也等於把米歇爾的好意，扔在地上踩。我們自有一套特殊的論述，不能理解在沃日拉爾路的迷幻藥，會與外於沃日拉爾路的迷幻藥一般，更不容許當場不嗑下，然後帶到他處的情事。稍晚，我向米歇爾抗議，我不知道阿蘭和善的外表後面，藏著怎樣的惡意，但肯定和表面上的不同。

「我們永遠訝異於，其他人想要與自己一樣的東西。」他將問題推回給我。

米歇爾不在家的時候，迷幻藥趴開得越來越勤。每次總是會有突發狀況，但我們一點也沒放在心上。丹尼葉有天打電話來找鑰匙，他在電話中指引我到一張桌子，拉開抽屜，但裡頭都是鑰匙。他要求我能否在那堆看來無窮無盡的鑰匙中，翻找看看有沒有他要的那隻。在這個對話的當口，我明顯地無能為力，只好乖乖承認，我吃了很多迷幻藥，就連兩隻鑰匙放在我面前都無法區分。丹尼葉乾脆自己來找，並小心不打擾到我們。

那天，傑哈爾嗑藥後，用嘻笑的口吻，說米歇爾「入侵」了公寓，也就意味他因為大廳被我們占據，因此不再將套房借給泰瑞，收回自用，而泰瑞自己因為環遊世界之故，亦消失了許久。這正是在迷幻藥趴的日子裡，我最擔心的事——當我掌握不了自己的狀況時，會把幾頁艾維口中米歇爾那本無止盡的書的手稿，丟出窗外（或者有幾次是丟到火裡，或者丟到垃圾管道裡，但必須要祈禱管道不會被堵住，或者丟到放滿水的浴盆裡，如同紐約那樣一個小而美的浴缸，我們都不痛不癢）那些我們連瞟上一眼都不敢的手稿，卻還是繼續不停地一張一張推疊上去。我們為避免這糟糕的狀況而討論著，都更情願是自己從窗戶跳下去，從陽台跳出去，就像我們說的，有時在迷幻藥藥效到極盛時會發生的幻覺。幸好眼看那些手稿放在那，經年累月，才讓人舒了一口氣，好像我們與時間的侵害都對它分毫無傷。

我們若有機會弄到迷幻藥的話，是不會放過的。一晚，有個朋友意圖將迷幻藥丟掉，藉口說他曾用過從同一個來源的藥，卻一點效果都沒有，惹得我們怒火中燒下逐客令，才保住兩顆藥。我們趕緊把藥收起來，我不知道他講的是否為真，但將藥妥當收好，我們會睡得較為安穩。隔天早上，我約了傑哈爾一起到眼鏡賣場去，替我選一副新的眼鏡。等我走進廚房準備吃點早餐，傑哈爾早已經離開了，但他在桌上留了張紙條，上頭說他把所有藥都拿走了，為了不要再因為嗑藥，繼續無業下去，尤其是不想自己的精神狀況再這麼糟糕下去。他也勸我一起這麼做。紙條上壓著一小片紙板，我便把紙板吞了充做早餐。上頭沒有藥，沒有絲毫效力，天知道那是塊什麼紙板。下午帶我去買副眼鏡的約會，我看也泡湯了。後來我們還是去了。但直到店員將鏡框放在我的鼻梁上，請我到店內成千上萬片中的一片鏡子中，照照看是否合意時，那些鏡子讓我全身零死角地徹底現形，使我們明白，在此處，我們無處可躲。絕對不要在鏡子裡觀察自己，而現在千百面加起來面積上千平方米的鏡子裡頭，有數不盡的吸血鬼般的面容。此外，就如同找鑰匙一樣，我無法一一比較這麼多的眼鏡，一副比一副更虛幻。我們匆匆離開商店，並在走出店門時捧腹大笑，第一次感覺迷幻藥的效力把我們嚇住了。更好的理由是，迷幻藥讓我們感覺幾乎無敵。直到現在，我們只在極度的提防下才敢用藥。但這是第一次我表現出如此有罪又放肆，而沒有讓人感到絲毫不適。相反地，我們覺得是在用藥過程中，產生的出乎意料的特殊魔咒。

在十二月三十一日也有一次，我毫無徵兆地產生了迷幻藥的幻覺，感覺很糟，讓我謹慎地研究我們待之如歡愉的醺醉，也許看來嚇人，但卻是個我到死都無法理解的狀態與研究課題，面對它，我形同文盲。當我向米歇爾講述這些，他要我去參考那些較為普遍的墮落者的幻象，例如派對動物終生都要泡在派對中，或是毒蟲永遠受到不知哪個販毒者的控制。這些想法都與我的不同。

我自認很了解毒品。每次脫離迷幻藥藥效前，我都會吸一點海洛因。每次當我身邊有一克的海洛因，我會好好保存一個月，以一種合適的節奏慢慢品嘗，毫無風險。但我有一個守則，就是不要獨自享用，這無疑限制了我用藥的時機，也讓我們將冒更小的上癮風險，特別還得為伙伴的藥買單的時候。最後，在我們飢渴的求知欲下（你懂得，學習是快樂的），傑哈爾與我有意願去研究解決之道：我們不知道即刻上身的藥效，與藉由注射慢慢發作之間的差別。我不贊成注射，但我亦不想當個拒絕嘗試的人，如同那些從未用過迷幻藥的處子一般。因此我們弄到一只注射器，準備嘗試看看。但我們實在太害怕，不是因為結果，而是因為操作注射器本身。我拒絕操作，我太了解自己的笨手笨腳了。我將手臂遞給傑哈爾（也因此免去再次注射的風險，若需要一個人幫我做靜脈注射的話，門檻就高得多了），面對這個全新的經驗，我們是如此擔憂，而為了讓自己鎮靜下來，我們各吸了一小口海洛因，在注射前，但據稱閃電般的藥效並沒有發揮應有水平。

我從來沒有嘗試過古柯鹼，當埃利拿到沃日拉爾路來給我時，我用了一點，比我第一次吸迷幻藥更糟糕，我啥也沒感受到，不知道用藥與沒用藥的差別在哪。

「但是，你剛剛完全沒停地，講了整整四十五分鐘的話耶。」埃利給了我解答。

所有我見過的埃利的愛人，都與他完全不是一個樣。他們都粗俗得緊，又愛裝模作樣。傑哈爾也與我一樣意外，但當我向艾維與米歐爾說起這件事時，他們並不相信我。艾維說，對一個我自小就認識的朋友，有這樣忌妒的苦澀很正常。我並不買他的帳，但這的確難以討論。在一場我家的晚間電視聚會中，米歐爾難得在晚餐後過來拜訪，埃利與他那時的愛人也來了，更加證實我所言不虛。因為埃利的愛人簡直是個災難，那場聚會徹底搞砸了。

「埃利剛剛在你眼前展示，你有可能變成的模樣。」隔天艾維在電話裡對我說，並憤憤地拂袖而去。但這卻讓我開心，因為我的確想藉由一些妙不可言的邂逅，逃離一些無法確認的事物，而這的確有效。

當我一個週末後回到沃日拉爾路，發現埃利昨晚睡在這。

「他看起來真的很需要地方窩著。」傑哈爾說。

我並沒有因此開心於與老友來訪，反倒被激怒了，好像他趁著我不在時鳩占鵲巢。這是一處我想與所有人分享的地方，並不想讓他把這一切搞亂。他與我們共處了八天，直到我與傑哈爾不得不回彼此家時，才乖乖離開。而傑哈爾，為了解釋這戶公寓散發出的幸福感，居然大膽假設：「如果米歇爾死了呢？」或者說，「如果米歇爾不回來了呢？」我們應該會放棄這戶公寓，我們知道這樣並沒有更好。謝天謝地，死亡並沒有發生：除了沃日拉爾路，我們從未感覺自己如此真切地活著。

5

我不想自己的生命裡只有書，但，又能如何呢？還真無法想像沒有書的人生。我可見的未來早已被書塞滿了。艾維之所以認識米歇爾，是因為他無意間讀到一則，他這位才氣縱橫的鄰居剛剛刊出的文章。他因而想要在我任職的期刊投稿一篇文章，因此促成我倆的相識。如今我也想要寫一本小說，來揭露我與米歇爾的關係。

在仍與瓦倫坦談戀愛的日子裡，父親同意幫艾維出書。他感到受寵若驚。對我來說也意義非凡。當時我還未曾寫過小說，但下定決心，一定要寫一本，而父親，跳出他身為編輯的角色，刻意避開我充滿盼望的眼神。在一次晚餐後，我向米歇爾聊起此事，在那熟悉的「馬勒角落」。馬勒的音樂充塞我們之間，這音樂通常只留給大家嗑藥時聆聽。但那天，我們花很多時間一起聆聽馬勒的交響樂《泰坦》（*Titan*）與《重生》（*Résurrection*），然後整個公寓都籠罩在音樂中。我並不忌妒艾維帶著另一個男孩，就如同瓦倫坦越來越多的伴侶一般，我只是眾多伴侶其中一個。我向米歇爾承認，我有關注艾維及其手稿，並為我朋友的成就感到開心，但同時也感到忌妒。我毫無保留。米歇爾回我，對朋友感到忌妒再正常不過了，我應該理解為這對象帶給我大大的好處——我們只忌妒自己尊敬的對象，而這會制約我們的墮落。

埃利也在我任職的那本期刊中，讀了艾維的文章，早在遇見他本人之前。後來艾維出版了一本書，裡頭收錄了許多他的近況，埃利說，若將近況寫在期刊文章中，倒還罷了，但寫書，這可是另外一回事。他點出了一些讓我驚訝的點，明顯被他平時溫吞外表後的能力所震撼。米歇爾誇獎埃利的大度，向我解釋這無疑就是忌妒，既非對艾維，也非對我，而是忌妒我與艾維之間的關係。我完全同意。

有一天我獨自在沃日拉爾路那，在書架上無意找到艾維的一本書，但在讀他的題詞時，感覺有些冒昧。這本書以非常低調的方式，獻給米歇爾：

「給我的鄰居。」這行字印在第一頁上。

然而當這本書上市時，艾維搬家了。現在我手上米歇爾所有的這本，那行印刷鉛字的「給」，被用筆劃去，另加一行手寫的鋼筆字加在其餘鉛字的前面：

致米歇爾，願你永遠是我的鄰居。[8]

這也是我的真實感受。米歇爾有一次對我說，與其和某人同居，相鄰而居或許更加理想。就如同他和丹尼葉那樣，後者就住在幾步之遙的另一間公寓中。即便我們與米歇爾可能同住在沃日拉爾路，我亦感覺自己與傑哈爾是鄰居，因為這戶公寓足夠大，大到可以讓我倆在裡頭自由活動，卻互不相見。而當米歇爾告訴我們，他即將回來，這份相鄰而居的經驗也將告一段落。我與傑哈爾的關係，昇華成一種永恆的、命中註定的感覺，與這段共同的生活記憶，緊緊聯繫著。我感覺自己是一個左鄰右舍組成的團體中的一分子，即便我的公寓在巴黎的另外一邊，也與米歇爾分享他的公寓，形成一段非常特殊的時空經驗。有時，未經思考，我感覺自己接下來，再也無法與人保持如此深刻的連結了。這並不是因為生活習慣或者性事的癖好，而與某人同居，這是個內容條件將不斷更動的抉擇，永遠是第一次。這是一種發明，由我與米歇爾構成的，恐怕世界上僅有我倆有此種聯繫的生活方式。

當父親知道我與米歇爾的友誼時，他很開心，無疑同時以我為榮。要知道，與成功人士，以及他所代表的後面那一整套社會關係搭上線時，正是邁向正常生活的一大助力。很快地，他覺得也該告訴我，米歇爾有許多不好的名聲，並被過度讚譽，太多雜音，以致於他無法好好思考他自己。我反倒覺得這是在恭維他——我看不到與米歇爾交往的壞處：我想父親只是有意無意，希望避免我掉進同性戀的深淵中，我必須要保持冷靜。父親有時表現得造作而節制，認為過度讚譽比犯罪本身更加罪惡。這就是他的正義。

我結束了影評工作，我被某些電影搞得精疲力竭，但仍樂意寫一些針對書本的報導，那是我比較擅長的環境——文學向來是我心頭好。有一天，米歇爾向我

——譯註——

8 此處鉛字的原文是「A mon voisin.」（我的鄰居），原文是劃掉前面的「A」，再用鋼筆加上六個字，變成「Pour Michel, qui sera toujours mon voisin.」（致米歇爾，我永遠的鄰居）。因翻譯需求，而對文義做了些微的調整。

談起一位共同朋友，並對於他封閉的思維感到生氣，讓他覺得這個男孩對所有事情，都有先入為主的偏見，我回答米歇爾說，我也是這樣。米歇爾回嘴，的確，我也是對所有事情都有定見，但我會因為有說服力的證據，而立時改變想法。這回答讓我開心不已，乃是一不同凡響的恭維，因為，無可救藥地堅持某項意見的作風，自有奉行它的熱情信徒；但我熱愛改變，因為去正視自己老是做意見的逃犯，對我而言正是人生。

帶著無時不刻的喜悅，有時因為自己的新想法而瘋狂的大笑，我因此寫了一本小說，是歌頌粗鄙的鄉下人的史詩。有些作家在作品中，使用既假設又延續的語氣，來直接刻劃性事，讓他們的作品呈現出一種多數人的觀點——這使我更加樂於將色情題材視為一種小格局來處理，讓尚未在語言中現身，甚至連想都沒被想過的敗德得以被書寫。我用一種似是而非的邏輯，來書寫賣淫、戀童癖與屎尿文學，形成一個我認為有原創性的觀點，或者對家庭生活本質的駭人視角。我把手稿給米歇爾與艾維看。艾維首先以一封正式的書信回覆我，然而裡頭的內容，讓我不禁懷疑他的這般正襟危坐，可是把書裡那些滑稽的觀點都給忘記了。米歇爾給我的評語，讓我雀躍，因為他察覺到我在文字中真正埋藏的企圖。後來也很榮幸在沃日拉爾路的沙發上，與米歇爾再聊起這事，席間他引用我諸多句子，並因為再度被戳中笑點，而大笑起來。我很愛他的大笑，即便每次他為我打開公寓大門時，都只是淺淺笑著。

有了第一波回饋做後盾，我決定將手稿給父親看。我一直想要寫作，並想交由父親來編輯出版，這兩件事其實是一件，如果我認為自己完成一份手稿，並足夠滿意，交付於他的話。喔不，這其實還是算兩件截然不同的事。

父親給了我的手稿上千條評語，我認為沒有一條與文學性相干。這時身為家人，他的想法，突然變得十足重要。如同一個青少年，我既滿意於自己竟把號稱完全開放、不設限的父親，逼到如此地步，已經是一種成功；但也對眼前這位號稱容忍度奇高的人，竟不承認自己的感受，感到做嘔。這本在他眼中，幾乎不配稱為一本書的作品，除了相對無言，他已無話好說。相反地，他拒絕的程度，比我想像中的還要激烈。他引以為傲的忠實，如謎題般讓人摸不清、猜不透。

米歇爾亦在我們的衝突中心。父親與米歇爾是唯一兩個，在這個年齡層與我有較深關係的人。在沃日拉爾路那，在這個離我熟悉的家如此遙遠的世界裡。聽到他談及我的父親，感覺有點怪異。先撇開我話中的尖酸刻薄，其實我很開心父親能夠現身於沃日拉爾路這——即便僅僅存在於我倆的對話中。

一晚，米歇爾在沃日拉爾路那迎接我，問我有沒有讀過最新一期《快樂腳》週刊上的文章。不。我只知道一句話被獨立出來，以粗體字刊登，對我來說，並沒有因此變得分量比較重。米歇爾說這句話是如此糟糕，以致於他想讀整篇文章，來看看這句話是否是裡頭最好的一句。於是，我坐在沙發上，手上拿著《快樂腳》，米歇爾坐在我的旁邊，從我身後再讀一遍雜誌內容。這正是最美好的時光了。這段新聞品質如此低下，比肥皂劇還不如，每一個字都不適當，標題本身就是個錯誤，裡頭的句子一句比一句爛，就算我們吃了迷幻藥也笑不出來。米歇爾十分洩氣，跌坐在沙發裡，隨即全身滑落到地板上，這讓我擔心了一會，因為我的無能為力。隨即我瘋狂大笑了起來，笑到幾乎不能自己。我就愛藉由書寫，來封存我們之間那無法想像的複雜情感。

時代站在欲望這邊。我的手稿表現出贊同歡愉享樂，正是米歇爾激賞的部分，我們因此徹夜長談。我不喜歡將欲望當成武器，有些男孩覺得自己身上彷佛有著鑽石待開採，像座在異界的海洋中的純潔小島。在我經常拜訪的「後門」那，我與那些我原先不感興趣的人做愛，即便我如此想，還是在恍惚中獲得無窮的快樂。此外，這「後門」造成一有趣的情況：我緊身牛仔褲口袋裡的錢被偷了，這絕對令人開心不起來。因為這件牛仔褲，與我的三角褲同掛在我的胯骨上，不再包裹住我。然後想想看，在激情時刻中，在全黑的房間裡，一個四腳趴在地上的男孩，不為了些許性愛的滋味，而是為了在那條掛在胯骨上的褲子口袋裡頭摸索，看看裡頭有沒有東西能讓他滿意。米歇爾同樣讓我注意到，我對迷幻藥其實沒有欲望，為何之前我視而不見呢？是因為藥物引起的快樂，產生了這份欲望。所有在沃日拉爾路那發生的事，對我來說就是在替我上這樣一種原則的課。關於「後門」的故事，我沒有向米歇爾說我已改變了自己的習慣，至少改變了性愛體位，因為這個由媒體發明的稱呼——「同志癌」[9]，讓我開始對一切樹起了防備。

譯註

9 原文是「Cancer gay」，是愛滋病未被廣為人知時的俗稱。

我選定米歇爾擔任我與父親爭端的裁判。他顯然只有從我這裡獲得單方面的資訊，但已經足夠他判斷。他一個字也沒有針對父親，也沒有針對父親對兒子的印象，有一分一毫的評價，但他已經有了定見。對他而言，區分一位父親與編輯，以及父親與我是簡單的。最後，在將手稿匿名後，交與一位他熟識的顧問試讀，在這位顧問給了熱烈的正面評價後，父親終於出版了我的手稿。這使我很開心。一切塵埃落定，但父親仍宣告說他會用筆名出版這本書。我曾拿手稿到其他地方試過，沒有其他出版社願意出版，苦無選擇之下，只好接受這個條件。然而，這樣被迫使用筆名，讓我覺得十分不舒服。米歇爾起初為這個無數次的死灰復燃的計畫而驚訝，隨即以他的方式認可了我的成就。再一次前往沃日拉爾路晚餐時，米歇爾一打開門，就丟給我一個從未聽過的名字，問問我的意見。我什麼意見也沒有，不太明白他的用意——是他替我想的筆名，他接著向我解釋他的想法，以及其中的機巧。我馬上就抓住這個假名不放了，就連父親也找不出可以置喙之處。[10]

6

米歇爾邀請我一同嗑迷幻藥，在一次週三下午。除了米歇爾與我，還有一位男孩，一位叫「馬克」的先生（為了區辨，後面稱他為「馬克先生」），米歇爾說他大約與我年紀相仿，而他與他墜入愛河。我們聊了很多，完全不像第一次見面。我們也知道，嗑藥對馬克先生來說，一點也不足懼，即便他從未試過迷幻藥，卻對海洛因非常熟悉，而我們則一無所知。一晚，米歇爾告訴艾維與我，他與這位年輕人怎麼認識的。他在法蘭西公學院（Collège de France）[11]的講堂上——這個機構原先就是為了向所有人開放——發現到藏在芸芸聽眾中美麗的他。我與艾維都有感覺，如果我們到場聽課的話，米歇爾不會開心。但這個男孩，米歇爾卻很希望他能到場。他講解如何釣上這個小帥哥的細節，也讓我們聽得津津有味。他其實一開始並不知道怎麼搭訕，當男孩在課堂結束後，如同其他

譯註

10 作者的這本書確實存在。書名為《我們的歡愉》（*«Nos plaisirs»*, 1983, éditions de Minuit），以筆名「皮耶．賽巴斯汀恩．厄朵（Pierre-Sébastien Heudaux）」，暗藏「假名」（pseudo, pseudonyme）這個單字。

11 於一五〇三年設立，位於巴黎拉丁區，原名為「王家學院」（Collège royal），是一所廣聘各領域知識權威，向大眾開設公開課的學院。

人般，到桌前來找自己的錄音機時，米歇爾假裝找不到更好的話向他搭訕似的，說了一些蠢話如「喔，你有一台漂亮的錄音機。」之類的話。這讓我們狂笑，也讓我們開心，米歇爾至少在這樣的場合，比我們笨拙。

馬克先生也是個同性戀，但與一位女孩同住，在看到他與米歇爾的相處後，我們完全不會可憐他。他有個毛病，常常提出或者接受一場他根本不會出席的約會，然後放人鴿子，有時突然消失不留一點線索，又猛然出現，但這次出現又是為了再次消失，個人誠信完全蕩然無存，如同我的一位情人對我做過的一樣。一次他做得太過火，讓迪迪耶感到憤怒，並在《解放報》上發表一篇小廣告，為了警告這個男孩。廣告寫著：

米歇爾的朋友們一致認為，馬克先生太過踰矩。

我們都被嚇到了，也擔心米歇爾會不開心。但是完全相反地，這居然讓他很開心。但這篇廣告有效，我們也就不再大驚小怪。我只懷疑這次迷幻藥趴，無論馬克先生有沒有事先知會我們，他無論如何再也不會來沃日拉爾路了。只要再過幾個小時，就知道結果了。到時他沒來，我們才要決定做些什麼來填補他的空缺，就好像我缺席時他們所做的。但當米歇爾為我開門時，他卻已經在公寓裡頭了。他長得如此俊美，我也同樣樂於看到他，與他即刻建立很好的聯繫，米歇爾看其他人都不介意的情況下，也就不再拘謹了。

最近三次的迷幻藥趴，我們毫無節制地大量用藥。在藥被充分吸收後的幾十分鐘，我們明顯感受到不尋常的藥力。無論對這樣的藥力還是有點疑慮，我們還是達到前所未有的沉醉境界。我們早就習慣全然接受，但這次不一樣，是對個別的狀態的消滅，好像我們所習慣的獨立人格被暴力地攻擊。我仰躺在沙發裡，米歇爾與馬克先生兩人則在扶手椅那。然而當米歇爾突然站起來，披上外套並離開公寓，我看見他被藥力摧殘的臉。因為迷幻藥藥力而極端清醒的神智，展現不可思議的力量，讓我讀懂我用藥伙伴臉上的紋路，我無法動彈，只能眼睜睜看著有些事情不對勁了，而且非常嚴重。馬克先生也驚訝於米歇爾的離開，更驚訝於他的匆促。基於我對於迷幻藥的認識，我向這位菜鳥簡短說了幾句，要他不要瞎操心。然而我卻忐忑不安，既難受，也不難受。不難受的原因是，我相信這就是在這情況下應該要向同伴說與做的。而讓我難受的原因，是因為我也非常擔心米歇爾，擔心他的狀況，也擔心接下來整個下午的活動該怎麼收尾。但我仍本於自己對於迷幻藥的知識，給自己信心（我嗑過那麼多次，可不是白吃的。這也是藥物效力帶給我的強烈直覺）。必須不去想米歇爾在這外頭狂風驟雨中，相信這對他一點影響也沒有。但是這樣的自我安慰，只會將馬克先生與我拖入到情緒低潮中而已。我們應該過段時間再開始擔心，當我們更能恢復一點理智時。在這個當口，為了我們自己好，無論有什麼擔憂，都不該再為了米歇爾擔憂。

我相當徬徨，同時不停地思考著，在迷幻藥的精神狂風暴雨中，大水已淹沒了我，混雜著隨之而來的漂流物。馬克先生並沒有比較好過，他眼珠突出。我從沒感覺到這戶公寓如此地懷有敵意。沒有哪一處能讓我有所依歸，就算是「馬勒角落」也不行，玄關那本身就是隔屏的門也不行，在這裡的所有記憶也不行。這是持續的緊急狀況，每一刻都在找尋一種方法，毫髮無傷地過渡到下一刻，而每一刻感覺有永恆那麼久。我不知道怎麼脫離這狀態，即便現在不該這麼想，以免情況更糟。我將眼珠轉了四十五度，朝向左邊，為了讓馬克先生注意到我，但即便是這樣也需要費力氣，不知是到底是肉體的力氣，抑或是精神的，我現在無法確認。當馬克先生感覺到我正看著他時，他也回看我。但要不是因為他先看向我，我的視線也不會被吸引過去。無論如何，當我看向他的瞬間，感受到馬克先生在這不知是在第十分之一秒還是第百分之一秒時，處於何種狀況：如果我觀察到他一切都好，我會繼續盯著看，從中獲得喘息的養分；反過來的話，我就會故意忽略，以免感染到他的絕望。但我無論如何也不敢再將臉往上抬，除非當我覺得自己的臉色還過得去，焦慮還在控制範圍內。我明白若兩個人其中一個臉色悽慘的話，另外一個人肯定擋不住，會受影響。最純粹的自私，也會具備著一定程度的慷慨。

還有一項我必須要立刻當場執行的任務，就是音樂唱片已經播完了，馬克先生渾然不知，我成了這裡唯一的專家，於是我極度小心地，帶著被藥效放大十倍的笨拙，必須去更換一片唱盤。馬克先生不知道的是，必須要最小限度地打斷用藥時近乎無限的時間的節奏。待到藥效退去時，我們才能更嚴肅地反省，來擔心米歇爾。

客廳內的電話響起。以前在這種情況下從未發生過，通常電話都是傑哈爾去應答。我因此被迫去接。電話那頭是艾瑞克，我幾個月前愛上這個男孩。我們的欲望不太同調，他也知道如何經營，使我倆的關係能不受影響，我很感激他這點，因為他才不過二十歲，但他的理性與機靈已讓我印象深刻。然而我對他的感情並未熄滅，即便不甚強烈，因為對瓦倫坦精神與肉體上的依戀，仍然無法從我腦海裡抹去，那位我從未再見到的瓦倫坦。艾瑞克也與一名十五歲的少年墜入愛河，他今天打電話來，是因為他與這個男孩處得並不好，他感覺有些迷失，問我是否可以過來這邊。我與他共享過幾次迷幻藥，他因此是明白人，如果他無論如何必須要過來，我只能接受他。在沉吟時，我沒有心思再忌妒任何人，當我現在心中擔心的，是一個無與倫比的對象。情人來來去去，只有米歇爾是永恆的。

奇蹟似地，極大的精神醉暈驟然消失，我們到達和緩期，最強烈的藥效已經過去了。由於之前的實驗，讓我有信心，知道這時候我們可以服食海洛因，會反過來幫助進入第二段藥效。再者，這藥馬克先生也比我熟悉。他感覺好多了，即便他習慣上拒絕注射海洛因。當我委婉請他不要這讓他在對迷幻藥的無知中更加舒心。基於對迷幻藥的無知，這也是米歇爾所犯險的。現在他很享受沒有米歇爾在的公寓，對他來說，這是少見的經驗，而他表現得更加開懷，這讓我也受影響。我把藥粉在桌上劃兩道粗線，然後我嗑下其中一條，用從特意從麥當勞拿來的吸管，然後我將它遞給馬克先生。但我之前就有些鼻塞，使那根吸管內流滿了鼻涕，髒得要命——。馬克先生把它拿到水下沖洗。當他帶著沖乾淨的吸管回來時，便意會到這是個蠢點子——海洛因會被吸管內的濕氣吸附，然後就沒法子用這根吸管嗑了。他試著吸乾裡頭的水，或者試著將紙巾塞進去，或者更薄的衛生紙，但都沒什麼用。如果現在就是這個下午嗑藥最好的時機，那麼就得要把握機會。我倆不禁相視而笑，直到馬克先生從口袋裡拿出一張鈔票，將之捲成吸管狀，這是他平時使用的方法，我們又笑了，笑我們居然花了那麼多時間，才發現到方法就在身邊。至少對我倆來說，這樣好多了。

艾瑞克在迷幻藥的藥效又到了一次空窗期時，來到了沃日拉爾路這。我得以用簡短幾句話，向他解釋現在的情況。對他來說，還是不要待在這裡比較明智。但馬克先生與我一點一點地沉入藥效中，像是在短暫的休息後，發動的全新一次的攻擊。好似被圍住的軍隊，即將開始突圍。隨時間推移，我們都累垮了，體力因為迷幻藥而用盡，已無力防備。我們聽到鑰匙在門上動作的聲音，然後大門被打開，米歇爾出現在門前，由一個年紀與他相近，而我們不認得的人陪伴。又怎麼了？米歇爾還是看起來很糟，甚至更糟。這是什麼狀況？

這位先生向我們要了一杯水，因為不發一語的米歇爾需要服藥。事實上，迷幻藥一直都有其階段，而我們從不懷疑它的威力。這位陌生人在第一時間給我不好的印象，這是肯定的。他好不容易說出第一句話，新的迷幻藥藥效又造成我的超感覺，我因此看到他殺人的意圖或者自殺的企圖，而他剛剛給米歇爾吞下個藥片，正是一種了結他的方式。但我還是定在原地，帶著敵意。我感覺馬克先生也在同樣的精神狀態中。艾瑞克低調地待在角落，在我的視線之外。我通常都做全方面考慮，但一件事是確定的，我之所以按兵不動，就是因為感覺到了侵略性。你的髒活可不要來我們這邊做！我不知道我是否做了什麼手勢，但大概就像個賭氣的孩子，雙手抱胸，以表達自己的不服從。

這時的緊繃，將我繃成了一顆球，或一片擔憂的湖泊。傾刻，我感覺自己就像那漫畫裡或者卡通裡的人物，在極度驚嚇後身上流滿汗水之後，可以將衣服脫下擰出水來。我頓時感覺自己是水做的，一座水中的雕像，我們可以把身體與骨骼的水分都擰出。我無法想像比以下狀況更駭人的了：某位我愛的人，要求我救他的命，而我卻無能為力。這是一個違反常理與墮落的幻覺。我想當時米歇爾肯定希望我能為他做些什麼，但那時我連今天星期幾都不知道，我甚至連時鐘也辨認不清了，啥也幹不了。就好像他掉到漩渦中，他朝我伸出手，我應該要緊緊抓住把他拉上岸的，但我的手不知是抽筋還是怎麼了——我辦不到。

「廚房在哪裡？」陌生人問道。

我們沒回答他。米歐爾指給他看，當那傢伙端著一杯水回來時，米歐爾吞服了一片藥。然後他回到自己房內睡了。那陌生人也沒與我們多交談，轉身就離開公寓。

我們從下午開始起就嗑迷幻藥，那時八月的熱度還在，室內日照充足。馬克先生與我在客廳內有些恍惚，米歐爾睡在旁邊房間，而艾瑞克則在另一間，但我們的藥效發作，讓我們就算有房間也不得其門而入。我們兩個試著彼此維持清醒。但對抗持續著，即便海洛因的效果仍在作用也無濟於事，我從來沒有遇過這麼強烈的迷幻藥藥效。

突然，米歐爾穿著拖鞋，從他房內走出來。他平時是那麼愛面子，此時竟以這樣的模樣出現，讓我不由又擔心起來。如果「漩渦」已經消退了的話，米歐爾還沒有被捲走。他大致講述了自己出門之後發生了什麼，而當他在講述時我感覺孤單，煢煢獨立於馬克先生，與和米歐爾從未碰過面的艾瑞克。用藥時，他表現得如此的不舒服，想要去樓下轉角處，那家他曾去求診，略有交情的醫生處。診所的候診間已經客滿，因此無法接受掛號。那裡幾乎都是老太太與孩子，她們是下午看診的主要客群。即便是在迷幻藥藥效發作，正是沉浸的時刻，這樣的情況下，他仍能立即將所有人的注意力都拉往隊伍尾端，我真不明白米歇爾怎麼辦到的。他說他曾是海洛因成癮者，這震撼性的消息從他口中一說出，就讓我不得不凝神聆聽，也只有這個可能，才得以解釋眼前的狀況。米歇爾隨即把語氣放緩，講述當醫生打開診療室的門，就知道事情不對勁，而趕緊讓他優先看診。米歇爾因此得以立即向醫生告知狀況，醫生則幫他開立了強力鎮靜劑。在診所到藥局的路上，他找了張長凳坐下，然後一位他認識的人正巧路過。而這位先生剛好要去看醫生，因此米歇爾非常開心這位陌生人——當然對米歇爾來說他不是陌生人——能陪他去藥局，然後又一同回到了公寓。

他又返回房間睡覺。客廳的電話再次響起。這次是丹尼葉打來的，他知道我們肯定是吃了迷幻藥，然後發生一些事，而我回答他最好過來一趟。他很快趕到了。我向他簡單告知前因後果，盡我所能地解釋清楚，丹尼葉立時衝進米歇爾的房間。丹尼葉出來時看起來放心多了。在藥效下近乎永恆的時間裡，我以為自己一直在向丹尼葉無盡重複講著迷幻藥，還不時倒回去描述更多精確細節。但馬克先生沒有像我這樣。當我終於講到那一杯水與米歇爾吞了一片藥時，艾瑞克評論道（他沒有惡意，他也懂迷幻藥），我們很荒謬，一件倒水的事講了一世紀這麼長。然而我說了我的想法，馬可先生也說了，然後話題又沒完沒了。幸好艾瑞克中途打了通電話聯絡他的新情人，然後我們一起離開公寓，出去溜達。他的快樂也感染了我們，好像在這糟糕的一天中，終於有了好的消息。稍晚，丹尼葉說他今晚會在沃日拉爾路這過夜，然後我們留他單獨在那，我與馬克先生離開公寓，隱沒在大街的人潮中。

我們除了講話之外，更需要出來走走。現在夜已完全降臨了。我陪伴馬克先生直到他的公寓前，足足走了幾公里。我一直視迷幻藥是一個創造親密性的造物主，喔主，我們還要過幾次這樣困難的折磨呢？馬克先生與我至此成為了知己，我們之前從未在晚餐時間見面。我離開他時，感覺自己被拋棄了，我不想回自己家，在那我的孤獨會更加沉重。我繼續漫步，走到一間之前常去，但絕對不會在這時間來這的夜總會門口。我現在對釣男孩沒興致。只是，即便已經感到疲勞，我似乎還有太多精力，思緒仍在擾動。我彷彿著魔般，滿腦子只有米歇爾。人們對站在夜總會門口的我視若無睹，因為現在不是營業時間。除了回家之外，似乎沒有其他的解決之道了，折返途中，我坐在長凳上等待。太陽升起了，我的語音信箱裡有一則留言，是艾瑞克在清晨兩點留下的，關心我是否一切都好，而我卻一點也沒想起他。但他在此時出現，讓我很開心。後來又有幾則沒有內容的通知，是米歇爾多次打來我未接，他也沒有在語音信箱裡留言。我躺著，即便現在很明顯地睡不著。我沒有切斷電話線，還在等待米歇爾的一通來電將我喚醒，我想著他會在狀況好點時，再撥通電話過來。

而這幾個小時形同夢魘。我從未低估迷幻藥恐怖的力量，但被海洛因的副作用加強，現在嘗到苦果了。我房間內的窗簾成為我的敵人。它們有著敵意，我不能假裝沒感覺到。我知道這是幻覺，是瘋狂的思緒，但卻改變不了我的狀態，我同時也害怕那些血淋淋的恐怖片，即便我知道在螢幕上的那些只是演員的演出，血只是醋栗果醬做的。唯一對抗這樣的視覺衝擊的方法，只有讓眼睛持續睜著，如果我有須臾閉上，恐懼又會發作。因此，唯一遠離窗簾的辦法，則是讓它們在眼睛上留下視覺暫留。我現在當然想睡覺。但只要稍微一闔眼，我就不能再保持眼皮張開了，這既要在身體上努力，也要在精神上努力，恍若地獄。

我也無法去思考，若我沒將海洛因混入迷幻藥，若我沒嗑迷幻藥，若就平凡地度過了平一天的話？但情況現在就是這樣，藥物就散布在我身旁，它凶殘的效果，體現在那些即便我不相信，卻不得不相信的東西上：幻覺——一種分析能力的錯誤，卻無法修正，一種精神上的無能。配上我天賦異稟的神經兮兮，我害怕有天即使是睜大眼睛這招，都將不足以保持我的清醒。

電話響了。米歇爾在電話那頭聽起來好多了，我立刻大大鬆了口氣。答允他的邀請，我馬上飛奔去沃日拉爾路那，假藉吃午餐或者早餐，也不管現在幾點，只是為了我倆可以好好聊聊，可以挨在一起。米歇爾看起來比平常更沒精神，而他臉上還可辨識出迷幻藥的餘緒。他一直開心說著，昨天將他帶回家的朋友，就是那位馬克先生與我感覺如此好奇的傢伙，認為我與馬克先生是兩個爛貨，一心只想從讓自己為難的處境中逃之夭夭。被說成有人願意花錢只為了睡我一晚，我不由得樂起來。

許久以前，我就計劃好這週末要去諾曼第家庭旅遊。我如計畫前去，但卻在週日下午就打道回府了。我前往沃日拉爾路晚餐，在一個如此不尋常的時間——太早了，而米歇爾卻反常地將我帶到附近的餐廳去。同樣反常地，他談起他的工作，與他正著手寫作的書。我與他都沒有尋回我倆的平常狀態。天色在我倆離開餐廳時仍嫌早，米歇爾載我到了那家我常去的酒吧，好像在這個時間將自己的青春浪擲在酒吧，有些可恥。我好不容易踏進酒吧，立即在認出瓦倫坦，那個在我認識他後，度過初次且唯一的共度的夜，並讓我在後面追了兩年的情人。我的愛人與另外三個男孩在一起，我靠近他們，靠近他，含情脈脈地看著他，惹得瓦倫坦過來問我。我認為他已然忘了我，但我提醒他我倆共度的那一夜，他的同伴挖苦我，說我太瘦，好像他總是在製造同伴，然後再把人家拋棄。我沒有慌亂。我現在說的是那些講得沒完沒了的電話，與那一次沒有實現的約會。我是清醒的嗎？抑或處於用藥後的超清醒？我搞錯了？我深信無論哪一種，他都在。

當我向他傾訴後的隔天，我沒有再與他共度一夜，但與他約好後天共進早餐。米歇爾問起瓦倫坦，若他這次又沒來，我是否可以徹底放棄？

「那代表他還可以再錯過一次約會，不是嗎？」我回答米歇爾，可悲地計較那一次兩次，既不想將這男孩趕出我的心頭，亦無法違背與米歇爾的約定。

7

「我聽到好多關於你的事。」米歇爾對瓦倫坦說，而瓦倫坦緘默不語，當我第一次帶他去沃日拉爾路那晚餐時。有一晚我們吵架，因為我在口頭上責備他，瓦倫坦卻回我，基於我向他說過的家庭狀況，我果然是個檢察官的孫子。這讓我一度震驚不已，隔一天到米歇爾家卻更受震撼。我與米歇爾最近頻繁聯繫，為了父親正在幫我出版第二本小說的問題。父親想要我繼續使用筆名。第一次出版時我妥協了，但不想未來都這樣。米歇爾本人也很訝異，認為我的父親也太過分。我尖酸刻薄地幻想父親是忌妒作家們，因為他自己不會寫作。但米歇爾卻不認同後者，並被我激怒。他引用其中一位曾是父親麾下作家的話，解釋道人們與父親說話時，總會覺得好像在法庭打官司一樣，那些他編輯過的了不起作家們之所以能留下來，正是因為他這種形式的居中協調。我則判定有必要換出版社，以及換一套判定作品價值的方式。我的未來不會在父親的出版社裡度過。當父親向我講述，這家出版社將在他死後變得怎麼樣時，我知道他期待我回話，但我卻顧左右而言他。

當我到了沃日拉爾路那，米歇爾跟我說了他今天下午，在《世界報》上閱讀的一篇文章，是為了他曾經相熟的一位音樂家的忌日而寫的。這篇文章指出該作曲家的缺點，這解釋了為什麼直到今天，這位音樂家的知名度仍然不高。而米歇爾承認，讀完的當下就連他也被說服了，但卻隨即對自己這樣的反應感到羞恥。他這樣直陳自己的私密心情，非常難得。我早就聽他提過，死亡是一種我們無法馬上接受的事件，但死亡起碼有項優點，它讓幾個活著的人，成了與死者關係的權威。死亡只在這些人身上繼續進化。我在與米歇爾對話時，有一種奇怪的聯繫，智慧與情感是這麼緊密地混合一氣。有時我理解他對我說的一切，但我一直對解讀他話中的涵義有困難，有時則完全不懂。

我的弟弟，知道我與米歇爾來往密切，羨慕我的好運氣。

「我當然感覺到了。」我回答他，並向他講述我怎麼在每次戀愛時，都去徵詢米歇爾的意見。弟弟認為，有這樣有力的朋友，我可以有更好的利用。我當然會，但不是拿他的事來說嘴。

米歐爾在近期沒有遠行的打算，因此短期之內，不能在沃日拉爾路那活動了。無論如何，迷幻藥趴停止了，至少在巴黎市內。在巴黎，我們只能在沃日拉爾路這裡嗑藥，而我感覺自己不會再重蹈覆轍，感覺自己回到染藥癮之前的心智狀態。不知何時，我有時在諾曼第用藥，當我週末去到我祖父母的房產那裡度假時。有一次與傑哈爾一同前往，我們遇上另一位「艾維」——一位我童年與青少年時期的朋友，但我好多年沒看到他了。但藉著海洛因，如同馬克先生與我們熟識的原因一般，這位艾維可是用藥高手，他帶著自己的雙親一起嗑迷幻藥，一點問題也沒有。有一次我和艾瑞克一同前往，他突然跪在我的跟前，幫我繫鞋帶，我的表親因此大為震驚，並正視我的同性戀傾向。而現在則是輪到瓦倫坦，與他在那裡度過許多美好與糟糕的時光。自從迷幻藥從沃日拉爾路被排除後，許多事都變了，許多事也都逝去了。我們仍然會回去小住幾天。我們什麼也不帶走，除了美好的時光。

米歐爾偶爾組織晚上的小聚會，例如組織那場日本舞者的小沙龍。有一次小聚會是為了向一名艾維喜愛的美國攝影師致敬而舉辦，米歐爾也為其作品展覽目錄寫過序言。也是因為這個機會，艾維與我又一次共同受邀來協助沃日拉爾路的聚會。聚會一開始客人川流不息，但我倆太過笨拙，站在一塊使得隊伍壅塞，米歐爾也不滿意這樣的方式，他建議我倆一人站一邊，一個一個地接待來賓。一晚米歐爾、艾維與我三人在廚房裡晚餐，客廳裡的電話響起，米歐爾正忙活著，於是艾維前去接電話。沃日拉爾路那基本上安有兩條電話線，一條在套房內，這是米歐爾專用的線路，以及用來聯絡那些貴賓名單上的人。另外一條在客廳，大多數時間都是收起不用的，這條線對我來說比較有用。我入住時會將之接通，並將號碼給我的朋友以便聯絡。當米歐爾回來時，一點也不會打擾到他。這條線在我們用餐的這天是接通的，艾維回到廚房，語帶嘲弄地對米歐爾說，當他接起電話問另外一頭是誰時，另一頭是個年輕的男人聲音，回答道：

「我是米歐爾一位重要的朋友。」

米歐爾趕緊去接這通電話，並在五分鐘後回來，說這的確是位朋友。

「對，重要的朋友，但只是打錯了。」艾維回嘴。我們既調皮又愚笨。

這次的聚會是為了威廉・布洛斯（William Burroughs, 1914-1997）[12]而舉辦的。一部關於他的電影上映，而電影的工作人員以及主角本人，都來到沃日拉爾路做客，這部電影的翻譯也來了，就是米歐爾那位「重要的朋友」，打錯電話那位。如米歇爾一樣，我也成為這名男孩的情人，他卻惹惱我，因為不管我說什麼，他都點頭同意。如果想要激起他的憤怒，我勢必要挑釁得更狠些。米歇爾後來問我這件事，他也遇到同樣的狀況，也有過同樣的憤怒。而且他告訴我，自己問過這個男孩的幾個前任情人，為什麼要和他分手，而他們回答說因為這男孩令人受不了，因為他總是講的與做的完全相反。在整場聚會中，艾維與我兩人保持獨處，無論我們對布洛斯作品觀點如何，只與米歇爾對話，而米歇爾整晚都在忙活，確保一切都完美。在我看來，我一直感覺，其他人並不享受在沃日拉爾路的時光，他們應該也能夠體會這裡的好，即便對我來說，今天的公寓也沒有那麼舒適。

「艾維是唯一個我認得的，會跑來和我說『我剛讀了本很棒的書，書名叫《帕爾瑪修道院》（*La chartreuse de Parme*, 1839）』的人」米歇爾開心地對我說。這就是他誇獎人的口吻，如此簡潔扼要。說到底，他從來沒有對我說過一句艾維的

譯註

12 垮世代（Beat generation）文學三巨匠之一，被譽為是垮世代的理論教父，代表作為《裸體午餐》（*Naked Lunch*, 1959）。

不是。但當艾維充滿熱忱地與謝侯（Patrice Chéreau, 1944-2013）合寫劇本[13]，卻在終於寫成、準備開拍之際，事情就變質了。米歇爾這次卻沒有偏袒艾維，我打賭米歇爾肯定是為了維持中立。他敏感於在作品中呈現的，作者本人與其職業間的關係，這也變成我眼中一部作品好壞與否的決定性因素。電影放映結束，米歇爾返回家中，他說起該電影時不是給出批評，反倒是災害評估，是年輕人難免的挫敗。對艾維來說，困難的地方是在於無法支持創作主控權被剝奪。然而這種剝奪，好像突然變成米歇爾其中一個興趣，他談論著抹消，他常常說起，好像一個研究目標一般。

一晚，我才剛離開沃日拉爾路處三分鐘，手裡拿著七星文庫版的《墓中回憶錄》第二冊（*Les Mémoires d'outre-tombe*, 1947）。該書從拿破崙之死開始敘述，當夏多布里昂（François-René de Chateaubriand, 1768-1848）[14]惋惜這個在氣魄上的對手，並感覺自己生在一個如此灰暗的世界上。

在表達我們缺乏價值，我與自己的意識緊緊相擁。我自忖，藉由計算，我是否沒有被算入這個時帶的無能之人，因為獲得權力得以譴責他人。我認為自己是祕密客（in petto），因我的名字在所有抹消（effaçures）中仍清晰可辨。不，我認為我們都將消逝：首先因為我們內裡並沒有活著的理由；再者因為我們開始與結束的時代本身，也沒有給我們活著的理由。

這段話讓米歇爾特別喜歡，尤其是其中一個詞「抹消」。他那信念打動了我，甚於夏多布里昂本身。

他覺得艾維與我維繫的關係，是一種戀愛關係。這對我來說再貼切不過了。自從我與他建立友誼，我老是感覺到，我的不幸在一段熱情的關係中，很大一部分來自於社會契約，我實際上無能為力，我的寄度是一種外部的建構一種自尊的拙劣視野讓我不安於室。米歇爾使他身旁的人進化，透過他無邊的善意以及智

——譯註——

13 謝侯是法國知名導演，也是演員，這部他們合寫的劇本應為《受傷的人》（*L'homme blessé*, 1983），一九八四年兩人一起獲得法國凱薩電影獎（César du cinéma）的原創劇本獎。

14 法國浪漫主義先驅，法蘭西學術院院士，原與拿破崙相交，後因理念不合而反目，並受到打壓。《墓中回憶錄》是夏多布里昂坎坷一生的回憶錄。

慧，一種另類於世的創造，一種對戀愛或性愛連鎖的發明，或者身體的或者感覺的。我不必然懂得這將帶我去哪，朝向一種救贖，而我卻沒有明確印象。我與米歇爾的關係也是一種戀愛關係。

從這幾次晚餐，米歇爾開始斷斷續續地咳嗽，他向我們道歉，咳嗽也使得他連要與別人對話都很困難。他常常因為醫療檢查感到疲累，但他依然熬過來。當我們處在客廳，米歇爾卻聽不見在套房內的電話鈴響，而我則溫柔地提醒他，並沒有想太多。一天下午，米歇爾打電話給我，想與我共進晚餐，如同我們經常做的那樣。那天我剛好心情很糟，需要他的陪伴。但我其實已經有了約會。我打電話給原先與我有約的男孩，取消了約會，他並非我的朋友，而是一個生病的年輕人，與他一起吃晚餐。一般人皆不願與他晚餐，但他其實很健談，讓我倆不知不覺就講到了約會前一個小時，向我表示他的喜悅，並給我看他為了這場約會做的準備，我一直無法發話，不知怎麼，無法取消與他的約會。我回電給米歇爾，他並沒有預料到我的失敗，我感覺他的聲音帶著失望，並放我去與那男孩晚餐。米歇爾的失望使得這場晚餐成了災難。我記得他的另一次失望，一晚我向米歇爾說，迷幻藥讓我們自我探詢，提出那些我從不在正常狀態時問自己的問題。那麼，迷幻藥就是激起了一種另類的思考方式，但米歇爾問我這些問題是什麼，而這些問題並不讓他覺得與他期待一般有趣。

米歇爾在工作前習慣保持低調。我也總是特別小心，當他最近越來越常提起，他那看似永無止盡的書終於到了終點。我看到他的喜悅，當他興味盎然地稱自己的工作是女工活，而這本書現在完工了，僅需要最後的幾許修改。這份修改的必要性是迫切的，那些行不通的細節，一些闕如，但總結來說，工作已到了尾聲。一晚，米歇爾向我說，這些年他那談論自己工作內容的書，這些年終於告一段落了，作業完成讓他相當開心。但是當在擦洗桌子，順便轉換一下心情時，他打碎一個玻璃杯，這讓他感覺滿意的好時光就此打住，他因此怔了幾秒。

當父親停止出版我負責的期刊時，我們憤怒之餘，米歇爾首先驚訝為何我沒有據理力爭，這本期刊也讓他看見從未有過的美好的文學環境。然後他又驚訝於為何我們老是沒有意願去做那些一開始看似行不通，過段時間就能行得通的事。今天，他說他著手的工作主題之前都沒人感興趣，而現在所有人又好像突然充滿了熱情。他的口氣間，滿是惋惜。

弟弟做了很長一段動畫。我帶著米歇爾去放映會，而他相當喜愛。整個晚餐上，我藉機向米歇爾講述一大堆弟弟的事。當晚，我在下午看過，而我對米歇爾說，動畫片一般認為不能成為一項正式的行當，但對弟弟來說，卻有自信自己能做得完全不一樣。米歇爾更加感興趣的是，為什麼我認為動畫不能成為正式的行當。他覺得，寫書這項事業對他本人來說，也不過是機遇。

《快感的享用》（*L'Usage des plaisirs*, 1984）與《關注自我》（*Le Souci de soi*, 1984）[15]兩書付梓出版，是米歇爾著作《性史》（*Histoire de la sexualité*）三大冊中的其中的第二與第三冊。然而此次出版卻讓米歇爾感到些許焦慮。他從事了幾個他在開始工作前並不權威的範疇，因此擔心那些聲譽卓著的專家們，以及越來越明確的流言讓他思量，不該一腳踏入這領域。我們的心情也是一樣的：我們不明白，那些看不慣米歇爾新書出版的人，為何不將此視為一次契機？米歇爾讓我明白，有段時間他有一些特定的敵人，他曾浪費時間想去安撫他們，會這麼說，是這些人不開心的原因，並非是你做了什麼，而是你是誰。《性史》出版後，他也收到「那樣一個」（Untel）[16]的一些反對意見，這些人書都還沒讀，就急著拆毀他的工作。他認為這個「那樣一個」的成員，應該是父親的朋友。而父親複述，並對他說，自己也很驚訝他的朋友怎麼行事如此自以為是。

「我會去了解。」父親說，他一直都有野心，想要讓米歇爾的名字，列在他出版社的型錄上。

父親回答我，在他明確表達利害關係，「那樣一個」不再貿然抗議了。我向米歇爾告知事情已經辦妥，而艾維在稍晚和我說，米歇爾相當感動於我的拔刀相助。我一方面驚訝，一方面對自己生氣：對米歇爾，我可以再付上千百倍的努力。我不明白這麼長的時間來，他為何就是不理解。

譯註

15《性史》是傅柯最後一部正式著作，正確來說，應該是一系列出版計畫中的最後一本。此計畫在傅柯生前只出版了三冊，在第一冊《知識的意志》（*La volonté du savoir*）出版後，傅柯延宕了將近十年，才一口氣推出了第二冊《快感的享用》與第三冊《關注自我》。二〇一八年二月，研究傅柯的學者一齊將遺稿整理出來，出版了第四冊《肉體的告白》（*Les aveux de la chair*）。

16成立於一九七五年，並於一九八〇年停止活動的藝術家團體。此處將其名稱直譯為中文。

8

在每個時期，每星期中至少有一晚我要去沃日拉爾路那晚餐，獨立於其他的聚會之外。而現在則是週日。那天下午，我一直沒收到米歇爾的消息，而我也不在他家，我打給他，為了確認我倆的約會，也為了確認他是否一切都好。他在電話中回說，一切在我打來後就好轉了，但還是要取消今晚的約會，因為他感覺不太舒服，必須去就診。他努力地不表現出一點憂慮，因為上回為了熬過迷幻藥趴的困境，我必須採取不要為他擔心的意志，他似乎還記得。

週一，他整天沒有接電話，因此晚上時，我打給丹尼葉。丹尼葉聽起來很焦慮，事實上，我也有同樣感覺。米歇爾週日在家時，感覺非常不舒服，我們都不知道情況如何。丹尼葉暗示了我昨晚的缺失。我不太明白。事實上，丹尼葉週日晚上打到米歇爾公寓找我，想當然耳並沒有遇上我，一個男孩在電話裡哼著鼻子向他冷笑，當丹尼葉向他要求要與我通話，而他因此思考著，根據經驗，我應該是正在迷幻藥的藥效中。他有所不知，巴黎人的迷幻藥趴已經是過去式了。我糾正他，他無疑地也搞錯了電話號碼，然而他卻不明白，為何我知道米歇爾在診所裡。我向他講述了來龍去脈。這讓他釋懷，我的敘述也得到正在住院的米歇爾的認可。

那間診所離沃日拉爾路公寓有兩站地鐵之遙。那裡很熱，米歇爾穿著四角褲與T恤躺著，無法起身。當他發現自己一邊的睪丸從四角褲中跑出來時，他趕緊窘迫地塞進去。這一切讓我擔心。

他被轉診到硝石庫慈善醫院，這並非什麼好預兆，即便這醫院離我家比較近。不同於診所，這裡的病房沒有電視。艾維與我向米歇爾提議，我倆去租一台給他，讓他起碼可以在週日看看法網公開賽的決賽。我們歡快地聊天，我們加上丹尼葉共四人，度過了快樂的下午。

然而這樣的快樂時光不再來，因為電視裡的法網公開賽，米歇爾心儀的網球選手馬克安諾（John Patrick McRnroe Jr., 1959-），在贏了兩局後敗下陣來，我感受到不幸的徵兆。米歇爾如今住在重症病房中，所有的拜訪皆需嚴格授權，即便是對丹尼葉。我們在進病房前，必須從頭到腳穿戴塑膠套。據丹尼葉轉述，醫生們沒有表明，也沒告知實際病況，但我們看得很清楚，米歇爾的病況並沒有好轉。我寧可不去想這些，我學會去對抗對於米歇爾的擔憂，我只接受我不得不接受的事實。而丹尼葉，坐在醫院裡頭獨立的小花園裡，對我說他剛剛探望完米歇爾，而他的病況又加劇了。焦慮使他失去所有的判斷力，而我則展現極大的想像力，施展渾身解數，只為了安慰丹尼葉。

「我終於知道，為何米歇爾這麼愛你了。」他向我道謝。

而沐浴在陽光底下的花園，看起來是如斯美麗。

過了幾天後，丹尼葉再度情緒失控，而我在電話裡安慰他。有時他忌妒艾維與我和米歇爾之間的關係，米歇爾的喜樂，好像自己不在他心中最重要的部分那樣。我太了解米歇爾對丹尼葉的愛了，因此這個看似不真實的羞辱對我來說，並不難對付，我反過來感謝丹尼葉，向我表達這份榮耀，也只有丹尼葉，在米歇爾現況如此下，才有這份資格，來認定艾維與我之前與米歇爾建立的關係。

米歇爾的病況登上了《解放報》。人們認為是愛滋病，而艾維與我決定不在丹尼葉面前提起這個字眼。但有一天他還是把我叫去，向我說醫生對他保證：「這絕對不是愛滋病。」我簡直樂瘋了。在我的生命中，無論曾祈求什麼，都無法勝過米歇爾的生命。

回到自己的住處，我與傑哈爾午餐後約在我家見面。突然，我發現丹尼葉在我的答錄機裡留了言，憂心忡忡地，問我是否可以立刻到醫院來。我打給傑哈爾，問他能否等等我，我擔心米歇爾可能撐不過去了。出於憂懼，我擔心公車可能會塞在路上，卻沒想到我家離醫院僅三站地鐵。我飛奔前往硝石庫慈善醫院，因為丹尼葉的留言是如此急迫。我抵達醫院時，渾身大汗淋漓。我旋即熟練地在建築物內穿梭，直奔病房，不一會就到了其所在的樓層。人們並不允許我進入走廊，我已看到房外蓋著黑紗，就在米歇爾病房的所在。丹尼葉走出來領我進去，告知我這噩耗。他從口袋裡掏出一只裝著遺囑的信封，是在沃日拉爾路那找到的。他要我馬上讀，自己口中不住念著米歇爾的慷慨。米歇爾對丹尼葉慷慨，對我來說，再自然不過了。這份遺囑是一道隱隱撼動我們的力量。就我的焦慮天分，我反倒擔心信裡頭一點交辦事項也沒有留下。我同意丹尼葉對我說的每一件事。他引我進到病房裡，自己悄悄退出去，考慮我或許需要與米歇爾最後一次獨處。坦白說，我並不想。我並不想與一具屍體共享孤獨，我的悲痛化做了不適。

我並沒有在房內獨處很久，因為馬上就有一名我沒見過，卻曾聽過米歇爾談起的女性走進房內。她是米歇爾一位外祖母輩的親人，一位來自普魯士（la

Prusse）的老太太。米歇爾曾說起她的一段軼事：有次旅行中一名高級軍官進入她的包廂，坐她隔壁。軍官有禮貌地問她，是否介意他在此抽菸。米歇爾很愛這位老太太的回答：

「我不知道。從沒有人敢在我面前吸菸。」

老太太的女隨從向丹尼葉解釋，並也間接地告知我，老太太感覺到有事發生，因此覺得應該要立刻來醫院。我雖然有些不好的感覺，然而她的到來多少舒緩了丹尼葉的情緒，我便再一次吞下這感受。

我與這位老太太在屍體前共處。她問我這是不是我第一次這麼近地看屍體，是否把我嚇著了。並在我回答「是」之後。接著說我將會熟悉，將會習慣，我們都將伴著死亡繼續活下去。我就像一名青少年，首次面對愛情的痛楚一般，由一個過來人跟你解釋這沒什麼大不了的，但她不懂，這種驟然痛失人生最重要事物的感覺。我對這位老太太燃起熊熊怒火，卻抑制自己，不能表露出來。這世上也只有戀愛中的青少年，會將他所愛的事物看得比天還高。但如今死去的是米歇爾，我想全世界的人都能理解我，這是非比尋常的不幸，而非我多想了。米歇爾自然不是一位能隨意找來十個八個的那種朋友。老太太溫柔地對我說話，並陪伴我走到醫院的出口，送我坐車，卻在我們一走到了大路上後，便放我一人自己應付。這是我從她的話語中得知的。

我回到家，與傑哈爾碰面，我施用了海洛因，用它來平復情緒。我打給艾維，向他說不要像我剛才那樣，若他真的不想待在病房內，與米歇爾的屍體獨處，那就不要。突然，我意識到這件事對我的重要性，但當場我就是沒辦法忍受。我打給泰瑞，告知他這噩耗，也告知馬克先生，自從那次施用迷幻藥，我們在午夜無止境的漫步之後，我再也沒與他說上話了。丹尼葉請我聯絡兩串名單上的人，他自己則去打另外一串，因為他決定在米歇爾的兄弟趕回鄉下母親家，告知老人家這噩耗前，暫時不將消息透露給媒體。艾維打給我，問我他是否可以過來，他不一會兒就到了。待在米歇爾的病房並沒有讓他難受，他待了一會，就離開了。

幾個月前，我開始在週一晚上，主持一檔針對年輕人的電台節目。米歇爾也很關注，成了我的忠實聽眾，並建議我調整一下我的聲音。傑哈爾也來陪我一同主持，然後馬克也來了，而那晚加上瓦倫坦，變成四個人。播音室是我最不想待的地方，但反過來說，在演播時做鬼臉，成了我們在電台的開心事，但我沒想過做其他的。瓦倫坦是相關領域的演員，但他卻一個角色也未曾拿到過，現在成為這個節目的重中之重，好像會幫到他的事業一般。這個節目盡其所能地製作，沒有比此時還去分心去想其他事，還來得更加糟糕的。那晚我只是預告技術人員，我有一位朋友去世了，我因此心情有些說不上來的怪異，因為他從未給我這樣的挑戰，如同他之前常透過遊戲那樣。當我們離開錄音室時，已經凌晨一點多了。我一點也不想獨自入睡，我想要與瓦倫坦度過漫漫長夜，而我遵守剛剛與丹尼葉守密的約定，並沒有把米歇爾的死訊告訴他。我並不想強迫瓦倫坦，不應該這樣做，因為米歇爾死時，他毫不知情地在家中睡覺，然而也該強迫他，這是我之所以現在這麼需要他的原因。他拒絕了。我在報紙齊向米歇爾悼念的早晨，才給他打電話。他說他早已知道米歇爾的死訊了，由於我沒有先和他說，因此他不知道我是否知情，也不好告訴我，一想到要與我這樣共度一晚有些不太自在，因而拒絕了我的要求。我因此相信了他，解釋了他那晚無權放我一人度過，就我倆的關係，獨立於道德之外。這讓我想起了一件一個月前，發生在我身上的蠢事。米歇爾托我寄送他的新書，當晚在沃日拉爾路處晚餐，我卻忘了提醒米歇爾要加上題辭。而米歇爾，原先想說我會帶著它們再過來一趟，惋惜地說他很想為我在上面題辭，而我非常理解，他在心裡早就想好要將那些句子題寫在我的書上了。我後來直到他住進診所與醫院，才得以與他見面，但那裡我不方便帶著書。

艾維當晚來我家，他在醫院剛陪伴丹尼葉辦完手續，他因此也看到幾份文件。我正與瓦倫坦看著法國對陣西班牙的歐洲盃決賽。艾維想要與我單獨談話，於是我們來到我的書房。他向我宣布米歇爾的死因，經官方認定為愛滋病。瓦倫坦跑來打斷我們，宣布法國剛剛踢進一球，確定了勝利，問我要不要過來看重播的慢鏡頭。我說不，他便走了。我不知道怎麼和艾維說，我才不管米歇爾是因為什麼而死的。「他前天才死耶！」我滿腦子這樣想著，醫生什麼的，無所謂。但為什麼他們能這樣說，如果他們不能這樣說呢？我想要問問他們，同樣想問問那位從未有人敢在她面前吸菸的老太太，與那位沒有陪伴我回家安慰我的瓦倫坦。

艾維與我在丹尼葉那陪他度過一晚。他與我們商量喪禮的事。移靈將在早上於殯房舉行，然後大體將送往米歇爾母親所住的村落，並在那下葬。許多人都會駕車前來，到時候我們不會有運輸上的困難。一座花環將會與米歇爾一同埋葬，在上面寫著：

丹尼葉決定將我們三人的名字寫上去。這讓我相當感動，我覺得是莫大的榮幸。丹尼葉真的繼承了米歇爾的慷慨。

丹尼葉規劃了這場前往墓地的最終旅程。他和艾維、方斯華・埃瓦德（François Ewald, 1946-）一輛車——方斯華是米歇爾在法蘭西公學院的助理。並安排我與泰瑞乘坐另一輛。很快地，這讓我焦慮。與丹尼葉和艾維，當然我會與他們一同出席下葬，而泰瑞，我倆已許久未見。我們那車的司機，與我們素不相識，他卻毫不掩飾地追蹤米歇爾死亡的消息。他的突然來到，讓丹尼葉決定先去與他認識一下。至於我任職報社的負責人，他之後找我講話，對我沒向他透露米歇爾去世的消息表示驚訝，這個觀點讓我難過，如同懲罰。我因此決定不去下葬現場，但感覺非常不舒服。我寫了一封信給丹尼葉，告知他我不出席下葬了，但信應該是來不及通知到他。埃利提議，他可以直接將信送到巴黎另外一端，丹尼葉就住在沃日拉爾路那。我大大地感謝埃利，並接受這提議。我希望丹尼葉不要有不好的感受。埃利折返，並對我說，丹尼葉與他在公寓下的前廳碰面，埃利將信交給他，並向他解釋梗概。丹尼葉對於我的決定，沒有絲毫的不悅，當然我自己十分過意不去。

《解放報》籌備在下葬當天，刊登一期致敬的專號。一位米歇爾生前很尊敬的女歷史學家將在上面發表文章。我不記得她，但她知道我認識米歇爾，並且對我說：「文章很辛辣，對吧？」之後沒有說什麼，但我覺得用辛辣形容，的確很貼切。艾維交給我一篇文章，之前米歇爾向他提起過，在其中他講述了自己對丹尼葉的情感，為了讓我轉交給報社，這篇文章若是刊登，會讓丹尼葉很開心，超過所有我們現在能夠為米歇爾做的，也能讓丹尼葉更感欣慰。於是，文章見報了。

移靈一早就在殮房舉行，場面哀戚。傑哈爾與埃利來我家找我，陪伴我一同前往，我感激並且接受他們的好意。若不是他們的支持，我怎敢提出缺席葬禮。米歇爾的死，讓世界為他哀悼，我若在此時有特殊的作為，也無可厚非。但這個世界瘋了。父親突然來拜訪，將我緊緊抱住，一句話也沒說，這是他此生第一次這麼對我。傑哈爾見了許多他認得、但我不認識的人，因為這些人是泰瑞還住在沃日拉爾路那時，時常出沒的人，那段經歷改變了他們的人生。我害怕身處群眾中，但丹尼葉認出我們，並把我們拉到相熟的人間。一位米歇爾年輕時的朋友也在場，放聲嗚咽著，手裡還握著手帕，這激怒了我，然而我卻哭不出來，丹尼葉也是。我想起在米歇爾在最後一次迷幻藥趴看起來很糟後，又在之後看到他康復的如釋重負。往事從眼前閃現而過，再來，最不得人知的，吉勒．德勒茲，米歇爾的老友，他的一席話讓我內心翻湧。然後我們又告別了。艾維、丹尼葉、泰瑞都上了車，我與傑哈爾、埃利一同回我家。一切結束了。

一位米歇爾的老師也到場致哀，他年紀相當大了，當靈柩起駕時，被我的痛苦打動，想要認識我。他向丹尼葉提起，並留下他的電話號碼給我。我打給他，並前去探望。他非常和藹，努力地想要安慰我。後來我又再去探望，他已年過八十，說米歇爾很幸運，在還年輕時就有精采人生，並早早離世，而不必受到蒼老的摧殘。他也聊起了愛情。性愛已非他的追求，亦非他的擔憂，但他希望我抱抱他。我照辦了，這對我來說沒什麼為難的。但無疑地，我的身體有那麼一瞬間，不能自已。

我與艾維共進晚餐，他告訴我他有一位女性友人，剛剛才弄斷胳膊，真是可憐。他說這件事時，以一種怪異的口吻，讓我突然爆笑出來，我怎麼能相信這會發生在她身上？手臂斷掉，何其悲慘呀！然後他也被我的爆笑感染，然後這是我們自米歐爾去世後，最快樂的時光了。

但當米歐爾住院時，我獲得一有效的安慰，做樂觀的假設，而這並非艾維的專長，而事情在死亡降臨時，全部扭轉。由於我忍住而不失去理智，艾維陪在丹尼葉旁邊，鼓勵他，甚至陪他到義大利的厄爾巴島（l'île d'Elbe）[17]，到一間他喜歡的修道院去，丹尼葉覺得那裡是魔幻之地，是他的「沃日拉爾路」。而我被擊垮了，我完全不了解。我多災多難，永無止境的青少年時期，好不容易看到了止境，終於可以擁抱生活，了解到與人們共享一個地球以及在同樣一個可交流的維度，很簡單的幸福成為可能，而正是這樣的過度發現，突然變得毫無價值。因此必須要對世人少點期盼。我以為自己進入了某件無盡的事中，而無盡卻因此遮蔽了。

我以為這就是人生，我以為，這就是青春。

譯註

17 位於義大利半島西邊近海處，是拿破崙第一次被流放的地方。

他們・Eux

1

適逢米歇爾去世二十週年，《解放報》想出版一本特刊，裡頭收錄一篇丹尼葉的長篇訪談。他闡述米歇爾臨終前後的狀況，以及他與米歇爾在醫院最後的歷程，如何與病重的米歇爾隔離，並後來帶著米歇爾的遺愛，創立了AIDES[1]的過程。該機構是法國第一所為救助防治愛滋病患而設立的機構。他也提到，有位醫生曾勸阻他去揣測米歇爾已經患上愛滋，並向他確認，如果這真的是愛滋的話，他早就檢查出來了。丹尼葉強調，因為米歇爾從來沒有親口說自己患上愛滋，因此自己也不能先入為主地去認定。

「我當時也有自己的心結待解：不去替米歇爾說話，但也不會什麼都不做。」我也想找到一條為米歇爾努力的道路，同時用書寫來記錄歷程。從那時開始，我便想要聊聊發生在沃日拉爾路的點點滴滴。

在這篇訪談中，丹尼葉也談起米歇爾在醫院時，無法看到自己希望見的人。德勒茲沒來，岡居朗（George Canguilhem, 1904-1995）[2]也沒來，他甚至提到，就連我也沒去看米歇爾。我於是打電話給丹尼葉，感謝他在這權威性的訪談中提及我，也向他指明，他提到我的部分是錯誤的，因為天地良心，我當然去過醫院探望。

「我知道，」丹尼葉回我，「但我堅持要你也留名在這些篇章中。」

遠在此事之前，甚至在米歇爾過世之前，在為艾維的作品寫過文章後，我與米歇爾聊起，我在艾維字裡行間觀察到的自由奔放，而米歇爾這樣回覆我：

「他所寫的事都是瞎掰的。」

這句話讓我聽得啼笑皆非，並轉述給艾維聽。而他則將之用在自己的作品《那位沒有拯救我人生的朋友》（*A l'ami qui ne m'a sauvé la vie*, 1990）一書中，但他將話歸為是丹尼葉說的。如同在該書其中一頁，比較起他之前向我敘述的事情真正的過程，他寫在書中的內容完全不準確。我起初相信他是故意這麼做的，是一種保護自己的方式。他說不是，這讓我有些惱火，感覺毫無理由地被拒於門

譯註

1 由丹尼葉．德費於傅柯去世的一九八四年成立，是法國第一所防治愛滋病的協會。會名是由法語字「幫助」（aide, aider）發想而成。

2 傅柯的老師，是哲學家、科學史家。

外，也絲毫不考慮我、米歇爾與他三個人的緊密關係。好似錯誤的事反過來感染了正確的事，文學更動了真相，使文字再也不在表面顯得真實，使之被虛構、被架空，為了反過來保證真實，使其能以另外一種形式留存。

有一天，米歇爾對於我總是向他開誠佈公，感到窩心。我趁機向他告狀，說泰瑞經常撒謊。但又覺得這樣的形容不太貼切，我又更加精確地描述。例如，我們兩個前往澳洲旅行——在他環遊世界的旅程被迫在此中斷後，我曾去那拜訪過他。他當時錯估我倆還有非常充足的汽油，足以到達下一站，因而差點犯了大錯。若不是我們奇蹟似地在半路上，找到一間加油站，我們就得困在荒郊野外了。這個例子並未說服米歇爾。我覺得自己的開誠佈公，也同時反映了自己面對澳洲無止盡的遼闊，以及泰瑞的可靠，所產生的焦慮。如果是我處在那個說大話的人的位置上，我或許會採取完全相反的做法，當察覺到我們頂多能再跑幾公里時，若有人指控我的大話，我會全盤否認曾經講過。但是我卻寧可說「我撒謊了」，勝過說「我錯了」、「我能偷走你的鉛筆一分鐘嗎？」，勝過「我能向你借嗎？」因為我喜歡這樣的表達，好像弟弟青少年時期時說的，他必須要「吃」藥，即便所有人都這麼做，但沒有人會這麼說[3]。我也很喜歡在語言中注入一些不適當的表達，一些暴力的語言，無論情境如何，即便是非常和緩的情境，我也忍不住這樣做，因為暴力的語言與不適當的表達，往往是最適切的描述。全宇宙都是亟待破壞的委婉修辭。我一直沒有機會能夠談談丹尼葉回我的那一番話，而那番話讓我十分驚訝。在我看來，我的家族裡，沒有人會用這種藉由扭曲現實，因而企圖表現另一種真實的說話方式。例如若一名其他出版社的作者，寄書給我的父親，他會悉心珍惜，並在閱讀之前，用一種雙關語，話中有話的方式感謝他：「我希望你的小說能獲得它應得的成功。」此話兼備禮貌與忠實。

這讓我印象深刻，持續多年。直到我自己在報社工作，也開始收到一些小說，它們的作者我或多或少耳聞過。當我寫作的念頭變得更加具體後，我覺得那些收到書後，回敬對方禮貌恭維之辭，反倒就此讓人家心血創作的書，變得與收到其他禮品並無二致。我們感謝這些作者，好似收到一盒巧克力般。禮貌反倒成了失禮。一天，我開始著手回覆這些餽贈，畢恭畢敬地，說著閱讀他們書的喜悅。不過，我很快就放棄了。因為在我執行這新策略的十五天後，我就在路上碰

譯註

3 法國人說吃藥是「服用」藥物（prendre les médicaments），而不是具象的「吃」（manger）。

見其中一位作者，他感謝我的回信，並企圖與我聊聊他的書中內容，但實際上，我根本還沒開始讀。我甚至不記得他的書名，只好想盡辦法應付並脫身。我放棄了不切實際的禮貌，並可悲地走回忠實的老路。

如果我是檢察官的孫子的話，父親就是檢察官之子。而仍在我體內活著的那個毛病很多的青少年，也許更該在語言忠實這條路上，苛刻地追求。在讀過拉辛（Jean Racine, 1639-1699）由他兒子替他撰寫的傳記後，我對其中一章印象深刻。那章內容是他與前述的文學家布瓦洛吵架，而兩名作家繼續在意見上僵持，直到布瓦洛問拉辛是否想羞辱他，而拉辛，這位《昂朵馬格》（*Andromaque*, 1668）的作者，卻回覆布洛瓦說他絕對沒有。

「你錯了，」布瓦洛說，「因為你已經在侮辱我了。」

然而父親實際上是對的，他之所以能夠在文學界舉足輕重，並在職場上能夠成功，正是一再加強這樣的價值觀的結果。他之所以拒絕為那些被排拒與被輕視的作家出版，自有他個人的一番道理。而且在我看來，完全沒有餘地說他可能犯錯。當他與皮耶．布赫迪厄兩人賭氣——據他人轉述，這對老伙伴的斷交，他們彼此的理由，僅僅只是藉口而已，在表面偽裝成理性的意圖，其實原因只是最最普通、卻最難克服的：「他們都忍受不了彼此了。」

父親曾講過好幾次他的版本。然後他必然要提及被激怒的布赫迪厄，向他摺的那句話：

「當然，你永遠是對的。」

因為這是他唯一熟悉的立場，父親引用這句話，就像把原先在布赫迪厄腳下的球搶過來一般。他不會上當被激怒，但他期望我能成為這句話中的模樣。這樣的偏執也出現在我們的家庭生活中。他無疑認為，藉著那些我從未見過的格言，還得要「用法語說的，白紙黑字寫下的」，就像出現在托爾斯泰小說中那樣的格言「找藉口的人自曝其短。」（Qui s'excuse s'accuse.）[4]他從不找藉口，但如果他真的找了，那也是因為沒有什麼值得他承認錯誤，因為驕傲的靈魂之所以偉大，並不是因為權力或是氣概，而是因為忠實。正因為他總是對的，他堅信他的理路，他出版社目錄的陣容，才能最大程度地體現他的感性如何巧妙搭配他的智慧。

丹尼葉的謊言之所以讓我感到開心，是因為他的用心淳厚。他完全有理由這

譯註

4 出自法語版的《戰爭與和平》（*Guerre et paix*, 1865-1869）第四章。

麼做。因為這是在不傷害人與事的條件下，去講述真相最好的方式，只是扭曲了一點無關緊要的事實罷了。

因為報章媒體的追查，米歇爾去世的相關文件逐漸曝光了。我在米歇爾去世週年時，再度致電丹尼葉。他在電話那頭聽起來不太舒服，我建議他去看醫生。有些擔憂，我隔一天又打給他，看看有沒有新的進展，並堅持他一定得去看醫生，並且提議晚點過去拜訪他。當我到達時，醫生才剛離開。他來得正是時候，現在丹尼葉好多了，但好不到哪裡去。在米歇爾過世後，這已不是我第一次回到沃日拉爾路這。但我非常少過來，一絲痕跡也沒有留下。當我想起這間公寓，我不免在心中追憶著米歇爾過去的擺設，以及我曾住在裡頭的模樣。在那曾經懸掛丹尼葉三張相片之處，現在改放著三張米歇爾的相片，平行擺放著，與之前懸掛的丹尼葉的相片，顯得同樣開心。我注意到其他地方，房間的擺設已然不同了，但過往的模樣仍然在我腦海中，歷歷在目。當下的現實，往往比不上回憶來得力道強烈。我竭力地回憶著米歇爾仍活著的模樣。這裡曾經是我的家，但現在已不是了，然而，只要哪裡與米歇爾有關，哪裡就有家的感覺。因此他還活著時，這種家的感覺不停地擴大。而我與丹尼葉的聯繫很明顯也是這種感覺的延伸，只有米歐爾是我倆間的共通點。在米歐爾還活著時，我與丹尼葉從未徹夜共處，我們從未體會過彼此的好惡。但現在我們很開心每次見面，因為我們知道我們可以聊米歐爾，彼此心照不宣。因為我們都慶幸自己認識了米歐爾，因為他對我們的情感，以及我們對他的，將我們彼此緊緊維繫著，使我們在熬過八月四日那夜，親眼目睹米歐爾的死亡的悲傷後，從此能相知相惜。

米歐爾的友誼，是我這一生最值得驕傲的事了。每當我墜入愛河，被潛在的慷慨沖昏了頭時，卻因為某項遺憾而隱隱作痛：我再也無法讓他見米歐爾了。米歐爾過世後十五年，當我向父親說，我剛剛與哈席德締結伴侶關係（pacser）[5]時，父親出奇溫柔地回答我，他為我高興，然後沒再說什麼，亦沒有提議要見一

譯註

5 法國一種異於婚姻的伴侶關係。PACS（Pacte civil de solidarité），意即民事伴侶契約制度。兩個成人，異性或同性，可憑自身意志，至市政府辦理簽署這份契約，彼此所得共同申報，部份權利得到保障，但沒有婚姻來得完備。但伴侶契約制度，卻有著更高的自由度，也不需市長公證，要解除契約也相當簡單。既有伴侶終生抱持這種關係，亦有伴侶拿來作為試婚之用，當然同性婚姻還沒通過前，這是兩人訂立終生大事的一種方式。

見哈席德。也許我應該向父親提議。但他沒有追問，我想要介紹哈席德給他的意願也就不強烈，也因此不堅持了。我知道這樣的會面很困難，因為家庭條件限制著父親的思考。很少人會將見他的岳父母或者父母輩視為一種榮幸，而哈席德就是這些少數。

在米歇爾之後，艾維也離世了。醫界對愛滋病的研究有了進展，我因此對一直想對我做愛滋病篩檢的醫生讓步了。到現在為止，我很慶幸，自己若染上愛滋，也沒有傳染給任何人；而若從未染上，亦不會在未來有傳播的可能。在等待檢測結果時，我本來就有的焦慮不斷地放大，因為我不知道在我身邊還有沒有人測試過，並且結果為陰性的。而我恐怕是第一位。當我將檢查結果告知十分關心我的貝納爾多時，他說要去稟告我的父母，因為他們肯定很擔心。我倒是從沒想過要這樣做，而他們也並未向我提過。我打電話給父親，而他什麼也沒回我。沉默困擾著我，同樣地我的話也困擾著他。我們就不再講到這個了。我的父母知道米歇爾與艾維因何種病因而過世，也知道我與他們親密的關係。他們大可想到，這樣的親密關係可能不是性伴侶關係，但他們也沒有什麼把握。他們的焦慮是如此地熟悉（我深受打擊，在青少年時期，由於霍格里耶曾經在《嫉妒》〔*La*

Jalousie, 1957〕一書中，提及我的父母，將他們名列「最佳焦慮伴侶」。），是絕佳的焦慮導體，他們不希望被人說三道四。因為我來自這個家，他們對這狀況並沒有惡意，無疑地，在那樣被誇大傳播的親密，在一個由血脈所構成的家族骨幹中，只能算是平淡無趣，好像他們驅散厄運，將對同性戀與焦慮都放在同一塊領域來看待，認為都是來自長久以來對疾病的未知。

父親在年輕時帶著熱情研究希伯來文化，在我年輕時，曾兩度想要將我的狀況解釋為一神聖的詛咒，詛咒事情變得與我們所習慣的一切完全顛倒。當一個家族中身處第三代的人被詛咒（而並非「連著三代」，他強調），則要比在第七代更加嚴重。因為，根據他的敘述，詛咒的意義是這人的後裔將停在第三或者第七世代，因此正是惡毒之所在。我曾在一本小說中虛構一名作家，並在其代表作正文中第一句話寫上這句：「生小孩，為了讓自己沒有選擇，只能去愛。」而我因此想這是在那一大堆世代中，所謂的詛咒。我那愛掌控一切的父親，卻在生孩子這件他無法控制的事上，大大地摔了一跤。選擇，一直是他吃飯的傢伙，是他的驕傲，他的權力，以及他的人生的力量來源。然而，我們不能選擇自己的孩子。當特殊的狀況發生時，根據他的推算，他在第二世代就已受詛咒。他為數不多的幾個孫子，則是弟弟的孩子，但弟弟卻不願爺爺見到孫子。他不只一次對我說過，我們要找一天，在子夜出版社附近一同用餐。我亦不比他少次地對他說過，他的急切會逼得弟弟走偏。他其實什麼都不必做，只需等待，等待孩子們長大後，自己做決定是否要回來與爺爺團聚。但從他臉上的表情，配上手臂的動作，某方面來說，說明了他躊躇的心情。我當時還不明白，時間對他來說，已成了敵人。米歇爾死於愛滋，艾維也是。而埃利，甚至其他人們、朋友們、情人們，這些曾圍繞在我身邊的——我甚至一度忘記瓦倫坦是死於自六樓墜落，並非愛滋，是其中的例外。對我來說，這樣的死法，根本就是戲精上身。然而，與他的職業相反地，他在私人生活中卻是再平凡不過了。

我的祖父在歡慶九十歲大壽後的一個月後去世。壽宴上，他與所有的兒子輩、孫子輩，甚至曾孫輩一同慶祝。父親口中爺爺的人生很幸福，因為他能達到這樣的高壽，卻沒有發生白髮人送黑髮人的情況。在很早之前，在父親還很健康的時候，他還多少有著與人一較長短的活力時，曾對我說過祖父曾經參與的一個案件，當年造成好大的風波。而我的祖父，即便身為檢察官，卻在替一名因為丈夫的羞辱和虐待，憤而殺夫的女子爭取無罪請求。而我們孫子輩的，我們對於祖父的印象是剛正不阿的檢察官，因為他曾勇於對付那些通敵分子，並冒著比法官更加多的死亡風險，也因為自己的寬大而留名青史。父親長話短說，認為我祖父會這麼做，完全是因為對家庭觀念的尊重，而這個家庭觀念父親來說是如此的奇怪，他完全無法認同。米歇爾，則是從完全相反的面，向我說這個故事。我祖父在這種情況卻勇氣十足地挺身而出。當米歇爾講起這事時，臉上還帶著崇敬的扁嘴（下嘴唇蓋住上嘴唇），當他一件事讓他印象深刻時，就會顯露這個少見的表情。

父親比祖父年輕十五歲去世，同樣也沒看到過自己的後人先自己一步離世，然而也沒有看到他自己的孩子活得很好。與他完全不同，他的父母喜愛組織家庭聚會，他號稱是違反他的意願，但父親每次仍準時出席。為了那次祖父的九十歲大壽慶祝會，我因搞錯地鐵，差點遲到。最後當我克服萬難，準時到達所在公寓，沒掃了大家的興時，我看到父親暗暗鬆了一口氣。比起晚餐，他更喜歡我來共進午餐，因為他就不必在我的出席與他的就寢時間之間做抉擇了。然而在我父母的住處從未辦過與子女們的聚會。如果他改一改做法。或許他與孩子們的連結就會截然不同，父親也能與孫子們相聚。他其實深愛他的家人，卻不愛家庭生活。至於米歇爾，我僅知道他曾在沃日拉爾路見過姪子一次。他去世時，我聽說他的弟弟打理一切，並前往旺德夫爾的醫院（Hôpital à Vendeuvre）[6]那，稟告他們的母親。米歇爾的父親是醫生，在當地相當知名，感覺米歇爾的家族與福樓拜家族有些雷同。對父親來說，包含我這個重要組成在內的事情，總是無法盡如他意。他的家庭，他的子女恍若一個錯誤。

同性戀改變了所有遊戲規則。原先的親密關係，已被徹底改變。家庭同心在嚴格意義下已不復存在，無論從我的長輩，到我的晚輩。在這層觀點下，僅剩下片段的我與父母間的關係。「情感」這詞彙雖然還是如過去所理解的，但「親密」的意義，卻變得下流，只能被解釋為孩童時代的親暱，要不就是已遭汙染的性，已失去與現實的聯繫，比突然發生在艾維身上的事還要錯誤。同性戀同時在限制與擴大我友誼的家庭，這個虛構的家庭已變成真實的，因為經過漫長的考驗，我終於發現我在生物學意義上的友人。這層親密並沒有被加諸任何詛咒，它將穿越世代，因此我們與丹尼葉的關係，以及我，我們每個人都是米歇爾的傳人。

2

我從不去打擾米歇爾。理應如此，但他都在不驚動我的情況下看顧著我。其實在他臨終之際，當他竭盡全力最後一次去翻閱自己的書時，卻還願意接聽我的電話，並絲毫沒改變或縮短與我的談話。有時與父親通電話讓我生氣，因為他從未有過這樣的體貼。當我打到出版社找他，幾乎每次，我都能感覺自己是在耽誤他的時間，而且不只是他的，因為我正好打斷了一場攸關「世界未來」的決策會議，至少，是文學的世界。這樣持續性的疏遠，使我倆間其他的困難被掩蓋過去，無論是基於害怕，還是基於敏感，我倆都不希望太過親密的對話。總之，情感取代了親密在家庭關係中的地位。

當艾維去世時，情況亦然。我都讓艾維隨時來電，多數時候都由他選擇何時打來，但若是我主動打去時，他也隨時歡迎。同樣的態度也展現在其他的層面上，（當我在他死前幾個月搬家，那時他的身體尚能爬樓梯上五樓，還不用搭電梯。在簡短查看後，他說看到我在這同等舒服、考慮周詳的住所中活得很好，他

譯註

6 該城市位於巴黎的西方，屬於靠海的卡爾瓦多省（Calvado），該省的首府即為卡昂（Caen）。

很欣慰。他的好意讓我覺得，他彷彿不與我處在同一個時空，我似乎必須到更年長時，才得以理解並接受他的好意。）即便艾維與我同輩，他卻擁有我無法比擬的成熟，就如同在小說《追憶似水年華》（*A la recherche du temps perdu*，1913-1927）中，在書中敘述者的祖母去世時，其母親則成了新的祖母。對我來說，艾維也產生了同樣的作用，代替了米歇爾。

但這需要時間醞釀。在米歇爾死後，無人能料到艾維也將離世。然而「我要死了。」這句再平凡不過的話，無論誰在無論何時說出，都將為這句話蒙上一層戲劇色彩。話中對期限不準確，神祕地暗示著即刻的死亡判斷。當警匪片中的英雄，或者《二十四小時反恐任務》（24）的主角傑克．鮑爾（Jack Bauer）說出這句話，都讓我回憶起艾維，而他從未說出這句話。這是一句出現在逐漸英語化的當代中，一句法語的表達。「As he lays dying.」這樣一句福克納式[7]形容下的艾維，翻成法語則是「正當他臨終之際。」（Tandis qu'il agonise）我發現自己不明所以地關注「正當……」（Tandis）一詞，當想起尚沒有要死，而還能揮手致意，而最終必然邁向死亡的艾維。又或者奎赫孟特女爵向將死的司萬先生說著一句禮貌、不致破壞美好晚會的話：「您將會將我們一起埋葬。／您將長命百歲」（Vous nous enterrez tous）[8]。這樣一個普魯斯特所遵奉的模稜兩可的口吻，說到底就只是「正當……」的同義詞。「正當我們活著時」，死亡則是最大的打擾。

艾維與我，我們曾在米歇爾過世一年後，嘔氣了一段時間。為何？因為他總是不停地打擾我。當我正沉浸在悼念的情緒，並趁此振筆疾書創作小說時。米歇爾的死增加了我施用海洛因的量，而在那本我試圖講述迷幻藥的效力的書中，我卻邊寫邊吸著海洛因粉。我曾杜撰說，每一次用藥都是有效的，而在這本小說中我又變本加厲。而艾維常在我正全心投入工作時，固執地打電話來。之前好幾次，我都試圖讓他理解不要打擾，但有一天，他突然感覺到我惡意的拒絕，並與我斷交。我不確定自己的憤怒之所以持續那麼久，是否是體內的海洛因造成的。我驚訝於如此雞毛蒜皮的小事，竟激起如此大的反應，但基於我倆深厚的感

——譯註——

7 指的是美國作家威廉．福克納（William Faulkner, 1897-1962）。

8 這是一句雙關語，第一層是俗語，話中的對象會活得比在場所有人都久，久到足以埋葬所有人，也就是長命百歲的意思；另一層意思則是這個女爵想表達的，司萬的死會讓大家悲痛萬分，生命有一大部分隨他而長埋土中。

情，我並不擔心。我在適當的時候回電，當我的小說的工作，不再卡在我倆中間時（當小說完稿後，立即成為我作品中艾維的最愛）。我倆的不睦之所以能消弭還有另一個理由，而我知道，他和我所見略同：我們兩個之間的關係，由米歇爾開始。為了大家好，米歇爾仍在世時，我們從來就不敢吵架。而當米歇爾去世時，我們更加不該因為他的死，而彼此賭氣。米歇爾真是無處不在。我們很快就和好了，有一天在路上不期而遇，藉口約了一頓晚餐來和解。我倆都提前到了餐廳，便棲身在餐廳的兩個角落，彼此互不相見，都想著另外一個人將會缺席。直到我站起身去上廁所，終於發現艾維，他還正想著我故意遲到來報復，而我，遺傳自父親與祖父古老的家族傳統——絕不遲到。

幾年之後，我們共同住在羅馬的梅迪西莊園（la villa Médicis）兩年。一開始是艾維的主意，他第一次參加文學獎競逐，就贏得兩年的居住權。那次我則落敗了，但卻在隔年亦贏得同樣的權利（艾維則到了第三年，他已不是擁有居住權的住客時，才陪我前往同住）。我到達羅馬時，帶著全副托馬斯．博恩哈德（Thomas Bernhard, 1931-1989）的譯作：我幾個月之前才認識到這位奧地利作家，相見恨晚，並且想為他寫一篇文章，因此想把所有的材料帶在身邊。我的熱情讓艾維十分敬佩，他因此開始向我借閱其中一本，然後還我，再借閱另外一本。一本接一本，直到他自己幾乎讀完所有托馬斯的作品，他帶著微笑地寫了評論，揭露了他想要全部獨吞的貪欲。幾個月過去，艾維說想讓我看看他的草稿。閱讀一直是我倆關係中重要的一環。我對他的作品擁有的不同點評，一直讓他很感興趣，但也是因為如此，有著其他的擔憂。我當時快速地讀完還未定名為《給那沒有救我的朋友》（*A L'Ami Qui Ne M'a Pas Sauve La Vie* ,1990）的小說，當時艾維已暫定書名為《快上吊吧！比爾！》（*Pends-toi, Bill !*），此句話亦為該書的最後幾句話，為了誇張演繹一名侵略性強的角色，諷刺地將他從崇高中硬抽出來。

我愛極了他的文筆，這讓他非常開心。但他還是有少許擔憂——這是不是意味他的作品只剩文學性了。他亦質疑我是不是以道德的觀點來苛求、吹毛求疵——我可是深諳此道——特別是他書中用米歇爾當做角色。然而，米歇爾正是小說中的重要元素，這讓我印象深刻，覺得他的塑造特別成功，艾維筆下的米歇爾，就是如假包換的他。艾維問還有什麼值得說的。我以托馬斯之名起誓，他肯定害怕我覺得他現在風格的適切性，與過往比較起來，有些荒謬：同樣地，我也在檢測，在這些篇章中，有無出現名為「托馬斯・博恩哈德」的病毒。我們因此度過了一個特別盡興的夜晚。

艾維一直在等待一次自己文學作品在銷售上的成功，而在他生前，藉著這本書，終於讓他得償所望。他想要最大程度地把握住這個機會。他因此與我的父親互相謾罵，並退出了子夜出版社的陣容，但兩造都沒有試圖將我牽扯進這紛爭中。後來，艾維要求我把手稿交給父親，因為他倆已不再說話了，我毫不遲疑地就接受請託，開心為他跑腿，也為子夜出版社能夠獲得如此出色的稿件而開心。

當我回頭拜訪我的父親，他已經讀完了當時已經定名為《給那沒有救我的朋友》這部作品，他不帶有個人感情地評論起這部作品的手稿，說它拼字錯誤既多又糟糕。這激怒了我，因為父親讀過的每一頁，我都曾經讀過，而我並沒有發現這些錯誤，連帶混雜我閱讀時的熱情，並且特別讓我察覺父親糟糕的閱讀品味的端倪，徹底與書的威力絕緣。我開始激動地表達我的觀點，而父親的反應無疑是可以理解，當他宣布他對書的意見：拒絕出版，直到我更加明確地表達，並用拉長的語調，表達我的驚訝，以強調這作品對於艾維極為重要，甚至比艾維本人的死，更加重要。

「艾維的死？」父親說。他很震驚，幾乎是狼狽。這是他一生中唯一一次，我敢發誓，他幾乎立刻答應要再重讀一遍這份被退的手稿。

事實上，就如同書中的第一敘事者，在首段所述，他知道自己在最近三個月以來，已經得了愛滋病。父親並未想那麼多，將之引伸到一種自傳式的告白。他從未想過艾維已然患病。我覺得父親太不可理喻，以及隱隱浮現的惡兆。因為第二次閱讀，並不會讓第一次沒有讀到的東西突然冒出來。但同時，我亦感到欣慰。無論是誰，只要讀了該作品，都能感覺到作者大限將至的情感，就算是抱著不同價值觀的讀者，也會有足夠的能力接收到。但唯獨父親沒有，也許他就是那個例外。他是如斯地偏向文學思考，以致於他不覺得作品需要跟現實有絲毫聯繫，無論作品跟作者的真實人生有如斯明確的關係，他卻將之抽象化，無法做其他方式的思考。這對我與他的連結有關。而我又如何不是被這樣的閱讀給困住，如果我從未如此地接近艾維？

隔天早上，父親已讀完了第二遍，並重申他的否決意見。一家西班牙的出版社——其翻譯出版過我的第一部小說——向我說在他們辦公室的牆上，曾有幅史坦伯格（Saul Steinberg, 1914-1999）的畫。畫裡是一個編輯正在與一名作者談話，而這經常在史坦伯格的作品中看到的場景，那些被講出口的句子，自行變成了文字。在這裡所有的表達，所有編輯的恭維，都被寫成了個大大的「NO」字。我從不知道是否父親在同樣一個場景下，嘴裡談的那些經濟上與理論上的動機，有沒有真的價值，如果只是為了講一個他掛在心頭的問題，藉前者保證聽眾的注意力，或者藉由捍衛對談人的心頭所愛來達成效果。但他其實可以更加直截了當，或者更惡劣地表達，他不想要眼前這位作者的作品，僅僅只是因為他不喜歡而已。對於《給那沒有救我的朋友》，父親將道德動機，放在對米歇爾．傅柯的回憶之前。我感覺被兩個理由大大地衝擊：一方面，我看不出來，這份回憶到底是怎樣受到艾維的攻擊，在我看來，艾維反倒完成一份成就，將米歇爾如其所是地重新招喚回來，正是我們這一輩所能做的，對米歇爾最大的致敬。另一方面，的確，我發現作品中有著令所有人驚訝的失言，由某一位不是丹尼葉的人說出，表明自己正是那段米歇爾與艾維互槓記憶的見證人。我將從這觀點出發的批判，都解讀成了僭越，因為這個匿名的人並非當事人。但我認為這樣的安排適當，並經當事人艾維確認，他做這樣的安排是另有所圖，都是為了更好地呈現他的創作目標。

父親的否決並沒有解釋一切。他說自己無法保證這本書一定能銷售成功，因此決定不爭取版權，即便以某種程度上外於文學的方式也不要。但他又說，如果沒有其他出版社接受這本書的話，他還是會接受並出版。這段話從他口中講出，很令人耳熟，因為令他在職場中興奮的事，即是權力關係，以及發現被他逼退，不得已開始拳腳相向的作者（當然某種程度而言，肢體衝突從未發生，父親小心地估量著情況，慢慢烘托。要是一開始就擊倒敵人，就沒有樂趣可言了）。這裡其他可能性是不切實際的：當然艾維從來沒有為自己的新書《給那沒有救我的朋友》找出版社而煩惱過。我不開心的地方在於父親表現得一副好像很慷慨的樣子，卻陶醉在自己的權力中。但這是他其中一項能力，讓他一直處於這樣的職位，把持著權力。一方面展現這樣的本事，卻從未遠離初心，因此我尚能夠影響他。如果我們聊起文學，必定大吵特吵。正是因為這樣的對話，觸及到彼此內心最為純粹的文學理想。我記得他的蠢事，當他向我講述，有一次例行拜訪貝克特時，父親向他提議到，何不整理一下人家寄給他的手稿，則必然可以空出一大片空間。

「『沒有必要，我都將它們全丟到垃圾清理管道中。』貝克特說。」我的父親轉述，崇敬貝克特的他，便不敢再多嘴了。總結來說，他缺少一種極端的方法使自己不被打擾。他總是有著恐懼，而這就是打擾。

米歇爾死後幾個月，我為《解放報》前去採訪女明星西蒙仙諾（Simone Signoret, 1921-1985）。她才剛剛出版一本著作。我讀過這本書，是因為米歇爾生前與她關係緊密。米歇爾一提起她就真情流露，非常推崇她，在泰瑞還與他同住時。我雖從未見過她本人，如今卻十分景仰。正是因為這份間接關係的推展，藉著間接的友誼，也許正因如此，她的書讓我愛不釋手。西蒙後來在我採訪的同一年過世，此外，採訪時，她幾乎全盲，戴著墨鏡，我陪伴她到住處附近的咖啡館坐坐。在訪談結束後，她很感激我為她做的。當我們緩慢地穿越廣場時，一位年輕而親切的年輕人走向她，遞上本子與準備好的原子筆，並用世上最為禮貌的，卻帶著濃重外國口音的話語，緩慢地一個字一個字地請求著：「夫人，請問您是否『適合』替我簽下您的大名？」他向她一手遞上筆記本，另一手則附上了原子筆，她微笑回答道：「我當然『適合』。」[9]而她與米歇爾的友誼也因此不證自明。而我老想著，《給那沒有救我的朋友》一書，後來在珈利瑪出版社的麾下獲得了空前的成功，對父親而言，是否也絕對「適合」。

3

在《普魯斯特先生》（*Monsieur Proust*, 1973）一書中，作者賽勒斯特・阿勒巴黑（Céleste Albaret, 1891-1984）講述了自己在普魯斯特身旁當女僕的故事。賽勒斯特說，這位《追憶似水年華》一書的作者，一直以來扶持著她，甚至直到他去世後都是。因為之後想找管家的雇主，一聽說她之前的經歷後，都爭先恐後地來找她。我初次閱讀該書時，並不知道有一天我會認識米歐爾。我非常理解那種隨侍偉人身旁的感覺。我也與那些雇主一樣，若說我對她有種特殊的親切感，那是為了普魯斯特，為她做一些事，好像就是在為普魯斯特做一樣。我一向都想對我傾慕其文字的作家，當面致上謝忱，而若能真的有機會表達，那真是太棒了。

在米歐爾還在世時，我總是讓我倆的關係保持低調，只敢透露給身旁親近

譯註

9 這句話的原文是 S'il vous plaît, Madame, est-ce que ça vous *arrange* de me signer un autographe？文中斜體字標示 arrange 一字，意思是「適合（與否）」，而推測文義，應該是這名年輕人口誤，將「介意」（dérange）說成了前者。也因此茜蒙仙諾夫人才會調皮地順著他的口誤，回答他：「我當然適合。」

的友人知道。這可說是一種反常：若有人當著我的面，說米歇爾的壞話，我最狠的報復，就是讓他當場說個夠，然後他最好祈禱哪天我不在場，也沒有機會能碰到我時，說壞話的那人，突然發現居然挑錯了對象，自己上回居然和米歇爾如此親近的人抱怨，然後悔恨於自己的卑劣。米歇爾去世後，有一瞬間，我多麼希望整個世界知道，我曾與他那麼親近。我仍不太習慣他的死亡，曾經與米歇爾相識的事實，變成他留給我唯一的遺產。我曾經也是個匿名的「賽勒斯特」，習慣上不會特別地想表明自己曾與偉人相識。同樣地，我亦沒有想利用這份名聲去找工作的野心，賽勒斯特與我並沒有繼承同樣的命運，然而我失當的情感教育，藉由與米歇爾的親密關係，獲得最好的學習養分。這份幫助對我來說，受益匪淺，然後，一點一點，幫助成為了熟識，讓我有必要去告知無關緊要的大眾。對我產生幫助，與大眾知曉我與米歇爾的關係，都是在他去世之後的事了。他們與米歇爾也達成另一層親密，即是透過閱讀他的作品，而這些人，我得以對他們產生親切感，就像我對賽勒斯特一樣。以一種不成比例的方式，他們卻渾然無所知，但我們是意識中的兄弟姊妹。

米歐爾去世後一年，艾維向我友情邀約一篇文章，發表在《另類新聞》（*L'Autre Journal*），這部他當時協辦的月刊上。我寫了幾段文字，裡頭滿滿提到米歐爾，以及沃日拉爾路那的點滴，也提到艾維以及他的事業，混雜著講述我倆的情誼（難道我們的情感聯繫，不正是因為米歐爾的死而促成的嗎？）。我以自在的筆觸，寫著對米歐爾的感激：

他把鑰匙留給我，讓我在他不在家時，照顧他養的香蕉樹（每次他邀人來家裡晚餐，都會烤一些水果當做甜點。）我鑰匙是拿了，卻忘了替他的植物澆水，而我唯一燒烤的，是不小心燒了他的聖女貞德雕刻（這不正她的宿命嗎？），打亂他書架的分類，並把我翻過的書亂塞一氣。我知道他有多珍惜他的雕刻與香蕉樹，而它們都毀了，我焦慮地咬著指甲，惶恐地等他回來。他愉快地回來，他的旅程非常波瀾壯闊（他穿越了非洲大陸，差點與一名迷人的肯亞美女成親，在甘比亞河裡與鱷魚共泳。）然後，面對到家裡的慘劇，他只講了幾句話：

「這事必須要與哲學商量商量。」

那哲學還真是門友善的學問。

我幾乎忘了這篇文章的存在了。是在與貝納爾多聊起我想寫的那本書時，他向我提起的。他在認識我之前，就看過這篇文章了，這些年來他居然都還記著。他認為我該採用這篇文章的口吻。但在寫這篇文章時，我才剛剛以另外一種口吻完成一篇小說，為了走出米歇爾之死帶給我的低潮萎靡。這並非小說的明確主題，但卻在寫作過程中，一直占據著我的腦海，這是我自我調適的方法，使我將之提煉成甜蜜的回憶。我提起米歇爾、最後一次的迷幻藥趴，但特別提到傑哈爾，特別提到在沃日拉爾路那幾年的時光，如今已離我遠去不可得，成為我生命中一段封存的時光。然而，那些年並沒有被困鎖在記憶中，而是在小說中雜揉進人物當中了。但我與艾維與傑哈爾現在仍有情感聯繫，但這份聯繫，若非米歇爾曾經成為我情感上的導師，如今結果可能截然不同。他使我的情感能力得以完整。

艾維與我有個習慣，讓彼此當自己剛完工手稿的第一個讀者。我們這樣合作，一開始是源於巧合。有一次共進晚餐，我們在餐桌上，交換彼此幾乎同時間完成的作品。我們總是開不膩假裝把對方手稿弄丟，或者被偷了、還是不小心掉到塞納河的玩笑。尚．埃舍諾（Jean Echenoz, 1947-）曾在他的作品《傑洛．藍東》（*Jérôme Lindon*, 2001）一書中講述，有一天，身為編輯的埃舍諾對這樣假裝弄丟手稿的惡作劇心生恐懼時，父親向他開玩笑道：「有人常常在地鐵上偷你的手稿嗎？」這是源於有一次父親在地鐵上笑到不能自已時，差點把《莫洛瓦》（*Molloy*, 1951）的手稿撒出去，那是他第一次拿到山謬．貝克特的作品手稿！這段故事也變成他最津津樂道的一段。在這更早之前，米歇爾也曾把一本他寫了前言的書交給我，我將之遺忘在沃日拉爾路那，讓我被他取笑對他的工作根本不感興趣，然而我故意假裝大為恐慌，讓米歇爾無法區分真假。這帶給他相當大的樂趣。但艾維從未搞丟我的手稿，我亦從未搞丟他的。我如飢似渴地讀著。收到手稿隔天，我們都帶著極大的熱情讀完，並都覺得彼此的作品，成為了有史以來最愛的傑作。

艾維的那部作品名為《我的父母》（*Mes parents*, 1986），帶著暴烈而爽快的強度，他如此地熱中這樣普世的題材，讓讀者對於書中虛構的出身孤兒院，以及不知名的產婦，感到興味盎然。而我也是。我則讀到那些魅力橫生的角色們的殘酷性。我極度懷疑該書的主角就是艾維的父母。但就如同父親的見解，我的文學關係是透過虛構達成的，帶著充分的信心，我毫無窒礙地將之視為只在白紙黑字的裡頭的存在，而非真實世界，並只能以虛構的態度才能對其感生共感。當艾維想要在書腰上打上以下的文字——「愛即是恨」（Tendre est la haine），我失聲尖叫，好像在文字上被背叛了，重新在內心感受到其暴力，以及他獨特的風格。「我的天！」（Et toc !）我只能建議他，乾脆把以上讚美之詞也印在書腰上吧。我則輕鬆地防衛這些規則，對我來說，我從來就沒有如此大張旗鼓。艾維與謝侯共同創作劇本《受傷的人》（*L'Homme blessé*, 1984）時，他讓我讀其中一個版本，好像我對文學與電影皆有足夠造詣。而這樣的機會如此之少，以致於我不知該說什麼，只好說：「我似乎重新找回了『家庭』的意義。」這樣的建議，與在《最長的一日》（*The Longest day*, 1962）中，做出終止登陸的決策一般小心翼翼。

《受傷的人》一書中的家庭描述，與《我的父母》中的相當相似。這使我認為，這些筆下創造物就是艾維的父母親本尊，也與他有時在晚會中所講的一致。此外我僅僅在艾維仍在世時，與他們聯繫過一次。當艾維感到自己不久於人世時，對他的父母親產生了恐慌，擔心不僅僅是自己的錢，還有因自身事業成功所帶來的一切，最後都將歸於他父母。他有一樁在特殊協議下的婚姻——為了更好瞞過他父母自己的性向，但卻一直為此良心不安。他希望，如果他的父母對他的遺囑有異議，而他其中一位非常能言善道的朋友，能夠出席他死後的聽證會，替他清楚表明意志：所有都歸妻子克莉絲汀，以及她與艾維情人生下的子女們，一個子兒都不給爸爸媽媽。艾維問我是否願意幫這個忙，並協助打這樣一封信的草稿。我當然躍躍欲試，這種陰險的想法帶來的精神一振，思考著怎樣的言辭是最具說服力且最有效的，這帶給我好心情，因為我是如此小心翼翼地面對著自己的父母，因為我心中的艾維的父母，並非有血有肉的真人，而是他筆下的人物，與他討論這些僅僅是為了展現我心與他同在，身為團體的一員，為了鼓勵他，去向敵對團體喝倒采與侮辱他們罷了。我的信讓艾維很開心，讓我很訝異地，他居然馬上就把信原封不動謄寫一遍，因為這封信讓他感受到一種說謊的真實，並把信留給我以防萬一。我只見過他父母親一次，在小城克拉瑪（Clamart）[10]，就在艾維移靈時，他們也想他歸葬故里，像米歇爾那樣。我當時不確定，是否會像艾維自己在書中所主張的，決定將他葬在他所屬意的厄爾巴島，而父親是否會開著俗艷裝飾的靈車前往。我沒有去瞻仰遺體，我已經在米歇爾死時，上過這堂生死之

譯註

10 位在巴黎西南側，同屬法蘭西島大區（île-de-France）的小城。

課了。站在享年三十六歲的兒子棺木前，艾維的父母是真切存在，如假包換。

然而有另外一位「父母」也來到現場。在我看來，好像艾維的親屬都等在義大利，在說好的地點等待著。我有責要傳達艾維對自己葬禮的意見，如果他的父母親有什麼異議。這個任務的觀點，以及要行使的權力，讓我難受。當然事情沒有這樣發生，艾維的父母並沒有像他的故事那樣，對遺囑有意見。而當我站在那，一名女士向我走來，對我這位「艾維的朋友」，表達她的遺憾，並請我容許他的出席，她怕自己被當做不速之客。因為她的兒子也剛死於愛滋病，因此她覺得自己應該要來到這邊致哀。在這種場合下，我只能什麼也不表示。而這正是我在這一月初充滿哀戚的早晨，最為後悔的事。我對這位完全陌生的女士抱著同情，那是艾維如此不准我向他真正的父母表達的。

但我自己的父母呢？今天不是思考他們的日子。

在喪禮過後的下個星期六，我與父母共進午餐，向他們講述著葬禮的點滴，提到了艾維想長眠的那座厄爾巴島的修道院。我合理地推想，死亡已經將父親對艾維厭惡的可能性都消除殆盡，所以就不避諱了，他的回答不置可否，但間接表示，他對於人們能選擇自己遺體長眠之處，覺得十分動人。當他自己去世了，遺體必須要處理或者埋葬時，我知道他已經找到了墓地的使用權，可以供我們全家使用。在艾維去世那時，這個使用權被安排在蒙帕納斯公墓，距貝克特的墓僅二十來步的距離。當一切事宜都安排好時，他說：「這樣，我離山謬就不至於太遠。」令我十分動容。而換做我，若我死時想埋在米歇爾家鄉的鄉間墓園，就顯得不適宜了。我有什麼權利這樣做呢？要用什麼名義呢？因此我連念頭都不敢有。

在一次作品交換的隔天，艾維尚不知自己已經患病。他打電話來，向我訴說他有多麼愛我的作品，而這樣的恭維可是十分特別，因為他感知到重新連繫到米歇爾的線索。我後來投稿去《另類新聞》的文章，也許他會這麼喜愛，正是因為使用著同樣一種語調。我沒有將我的手稿交給父親看，因為我和他即便是在文學上的關係都不太相近，我還是比較喜歡寄給他我已出版的作品。父親打電話給我，說他才剛剛讀完我寄去的作品，感謝我寄給他，並恭喜我，另外帶著滿意之情說了幾句：「看來你是號人物。」我全心全意接受他的恭維，開心地覺得，父親在他的嚴謹之外，或許需要寫一本小說，來讓他說清楚這段見聞——但他就是他，不會像我這樣做。

出書後幾週，我接到一位巴西男孩的精采來信。我與他碰面，就是前述的那位貝納爾多。我與他共度了好幾個年頭。當我們有了親密關係，一天，為了向他坦白我的過往，我向他說了沃日拉爾路那的種種。巧合的是，他居然知道那棟公寓，甚至更進一步：他知道那間套房的存在！丹尼葉將套房借給一位巴西的大學講師住，他正好是貝納爾多的朋友，而貝納爾多曾到套房拜訪過他。我提到米歇爾本人。像為了證明自己對他最大的信任，我準備好要對他講述那最後一次迷幻藥趴的故事。他阻止了我，他也知道這段。然而這段故事只有極少數的人知道，這些人我也不再見過。看來是一位貝納爾多熟識的女性友人與馬克先生有過一段，他從那這位女性間接獲知了這段故事。他於是知曉全部，而我是故事其中一名角色。因為米歇爾，我開始寫作，而書的出版，又將我帶到了另一處境地。與他的親密循環在一個小圈圈裡，他去世後兩年，似乎還活在這個圈子裡，全然地，活在我生命中的每一天。

初入沃日拉爾路的公寓，我不過只是提供服務的小子，就像卡洛琳，依照維拉．凱瑟的敘述，當她的舅舅寫著《包法利夫人》（*Madame Bovary*, 1857）之時，她也只是個住在夸賽鎮舅舅家的小女孩。而賽列斯特也只是個在公寓裡工作的女僕，伺候著在那間用軟木封死的房間裡，直到臨終都還在試圖完成那永無完成之日的《追憶似水年華》的大作家。當然，以上都沒有直接關係。我並沒有分享我的日常生活，我亦沒有通信可供出版，並且，不同於賽列斯特，我沒有出現在哪一部作品中。因為我的疏失，米歇爾沒能來得及在他最後給我的書上題辭，他當然很想在上面落款，為了幫助我，而我也對他的題辭充滿信心，希冀其能帶來一些機會。艾維向我講述，他是如何愛我的小說，描述著以米歇爾的死開始，讓我以為所有的朋友都會為朋友服務，而所有的朋友都應該逼迫自己為了朋友奉獻。我被性所圍繞，有時無法分辨愛情與友誼。我認為我所有值得表彰友誼的，都該歸於米歇爾：難道這不是愛情嗎？我無法在認識一個新的對象時，不想到米歇爾。這並非我在自己幻想，將這個新朋友當做他，而是認為這個新的邂逅若沒有米歇爾，則不可能發生，也絕不會進行地如此順利。我也沒有低估我父母對我人格的影響，但那父子或母子關係的沉重，明顯地阻礙著我，好像某種心理結構主義，將個人意志碾碎。

就在米歇爾去世當口，我沒有先感受到痛苦，但一點一點，我感受到如尚萬強面對到米里哀主教的死，被善意的責任所填滿（我怎麼掙脫這份責任，又是另一段故事）。之後，明顯地，他做為朋友，真正拯救了我的生命。我原先不過就是公寓裡提供服務的小子，好像身處一齣滑稽劇中，遇到其他人來來去去。但當有人真的永遠離開的話，這個滑稽劇就開始走歪了，再也無法回頭。我們的命運緊緊相連。但就算他們鬆開彼此的關係，還是緊緊相連。我曾想要堅持擅自占據一處想像的空間，一處「沃日拉爾路」，一處同亞特蘭提斯一樣，被吞沒的世界。這曾是我唯一的希望，而海洛因幫助我維持著。我曾經是留連在這公寓內的年輕人，但公寓不再，青春也不再了。但是公寓與青春都將在那幫助我，我的生命將延續，延續如同米歇爾一樣，從不放棄我。

4

因為家庭因素，我們只能在父親下葬後，才宣布他的死訊。喪禮上很少人出席，然後我們陪著母親用餐，她之後便獨自回家休息。哈席德人不在法國，而我拒絕他想要趕回來的請求——他根本沒有與父親見面過，因此也就沒必要出席喪禮。與母親不同，我當下不想獨處，並且無論發生什麼事，我還得安排明天的專欄文章。因此，我下午回到報社工作。我無法安心做事，但圍繞我的同事、進行中的活動，多少使我安心。為了找些事來分散注意力，我向鄰座那位一向謙和待人的同事，他負責社論版塊，問他今日的事件是什麼。所謂的今日事件，即是那些《解放報》頭版的速覽頁面。

「是你爸爸。」他回答我。

五分鐘後，另外一位同事走進我辦公室，向我拋出些問題。

「我爸爸。」我回答他，對他的問題面有難色。

「發生了什麼事？」他問。

「因為他去世了。」我回道。

「我很遺憾。」他回答。「但是，你還在這做什麼呢？」

但與其要他給我馬上滾，我卻可悲地替自己還在報社的行為解釋。

雖然滿腹怒氣，隔天讀了報紙，致敬的內容還是令我動容。繼米歇爾與艾維後，這是第三次，我的生命被這樣打動了。一位我曾愛過的人又死去，第三次成為《解放報》的頭條。米歇爾那次，報社採用了一張很棒的全版照片，是他從黑暗中探出頭來，趴在他的工作桌上，這張桌子僅僅只在死後才對外公開。這一次則是父親的全版照片，站在子夜出版社大門前的馬路上，既優雅又不失堅毅，微笑著，那就是他的真實樣貌。我不知道該解釋什麼，但看到報導本身就是最為特別的事。公開的訃聞每每讓我動容，是因為訃聞意味著通知那些不知名，卻關心此事的人們，這對我來說意義非凡。我囫圇吞棗地翻看那幾頁與父親相關的文字報導，補足十七年前，米歇爾離世時我無法這麼做的遺憾——當年我無法接受他的死訊被這樣猝不及防地公開，因此沒能及時趕上悼念專刊。而此次報導的頁數，甚至比當年米歇爾去世時還要更多。同樣地，對於米歇爾，我剪下並收藏了那些報導，如同收藏書本一般。因為這些報導總是容易被忘卻，這就是媒體的天性，它們無法回頭再報導一次。而為了保存這些報導，激起了我的使命感，比收藏米歇爾的著作更加強大。我將之整理存放，將之好生收藏在櫥櫃內，以防哪天意外散落。因為我知道，不知道哪天，我會再次埋首其中。此外我也同樣收藏著相關的相片，與其他形式的訃聞。與其說閱讀這些報導「安慰」了我，倒不如說，在這個傷痛未平的時刻，閱讀這些報導會給我帶來平靜與撫慰。這些報導的出現，對我個人而言相當重大，給了我機會重新熟悉那些值得我們給予崇敬的人們，我甚至比寫報導的人，更加理解他們。因為早在多年前，早在他們仍活著時，我就自己的方式崇敬他們了，而不是等到人去世了才開始崇敬。

《大亨小傳》（*The Great Gatsby*, 1925）一書的前幾句話，讓我印象深刻：

當我還更年輕，換句話說，就是心靈較為脆弱年紀時，父親給了我一個讓我至今都不斷回想的建議：「當你想要批評某人時，要先想想是否其他人也會在其他地方批評你。」

父親並沒有嚴格要求我遵守以上的箴言，我不知道這是否符合他的信仰，因為必須要為人父母，以這樣神聖的身分當做保證，才得以給出這樣的建議。但這句費茲傑羅（F. Scott Fitzgerald, 1896-1940）的格言，又再次印證了這些年來我所受到的父親的潛移默化。那些聽到噩耗的人們，無疑會為之悲傷，但卻不會成天陷在其中。人們的生活是用來與仍活著的朋友、愛人以及孩子一起度過的，那些死亡對他們來說，恍若從未發生過，還好，我與他們不一樣。相比於他們，我總是被死訊以及其帶來的後果給摧毀殆盡，這即是我悲慘之處。我的悲慘同時也使我內心平靜。我知道我失去了什麼，而我之所以會失去他們，是因為我曾經擁有。

但也只有米歇爾的死亡，才讓我真正受到震驚。一切都會變老，死亡得以進入事物的秩序中，但我還沒有老到懂得接受它。過往的點點滴滴，既使我心旌蕩漾，也同時安撫著我。如果我能夠懷念米歇爾，那麼可以想像他也被成千上萬人所懷念。無論這些緬懷者知道與否，他的聲音與他的才智，也許正是對抗世上成千上萬墮落之事的良藥。他的死亡猝不及防，因為愛滋對我們來說都很陌生，然而愛滋所造成的大屠殺來得那麼急促。病況急遽惡化，如此之快，我們都來不及準備。艾維比米歇爾年輕這麼多，比他受過更長的痛苦，好不容易稍微懂得應付這種疾病時，卻又早早離世。父親的死也是，我花了幾星期前才接受這個事實，但這並沒有稍減我的憂傷。我接到一大堆慰問，而我任職的報社，在正式報導的後面，慰問了我本人。因為我是這位偉人之子，也是該文撰稿人的同事及報社的員工。這份舉動很貼心，我卻未受感動——在他們眼中，我應該被慰問，但也僅止於此。

丹尼葉曾問我，為何當我目睹米歇爾的死亡時，沒有立刻告知報社？我的主管在知道我與米歇爾的關係後，也納悶地責怪了我。我這樣做，是出於對家屬的尊重：父親的死也一樣，我也延遲通知報社，然而主管卻在電話中，對我的告知表達感謝。因為法新社（Agence France-Presse）[11]其實已經通知他了，他們只是等我主動告知後，才開始動筆悼念報導。對米歇爾的悼念，因為事出倉促，編纂工作是在匆匆忙忙中完成的。我比較偏好這樣的新聞形式：當一件出乎意料的事件發生，卻因資訊封鎖，以致在發生後一小時才傳到編輯室時，所有員工上下都必須為此忙活，在最短的時間趕出新聞，但是所有人都因此感同身受，並全心投入，而這個興奮與高昂的情緒都是工作的助力——我在發生當天尚沒有感覺，直到後來我成了其中一名記者後，才得以深切感受到這份工作豐富了日常生活的滋味，就在處理工作上的緊急案件時。老實說，我不知道米歇爾的死確切是在哪一天公布的，因為那時我才剛到《解放報》任職。有天我出席一名同事的葬禮，是一位我有好感的男孩，卻也慶幸躺在那裡的人不是我。我總是覺得拉雪茲神父公墓（Père-Lachaise）[12]的環境十分不錯，當天天氣又挺好，清朗平靜，適合這樣的地點與喪禮。然而就當我還在對自己說，這是個美好的下午，我從此毋需再掛念

譯註

11 一八三五年設於巴黎，是世界上第一所新聞通訊平台。

12 位於巴黎二十區的大型墓園，裡頭葬有許多名人，因而成為觀光勝地。例如小說家巴爾札克（Honoré de Balzac, 1799-1850）、鋼琴詩人兼作曲家蕭邦（Frédéric François Chopin, 1810-1849）、劇作家王爾德（Oscar Wilde, 1854-1900）等等。

他，而下回參加的葬禮也許未必那麼舒服時，就在幾個月後，我參加了自己父親的葬禮。

轉頭一想，自從我在《解放報》工作起，在每一個文化圈的大事件、我被派去的每一場活動中，都不可免俗地提起米歇爾的死亡。每一次我都假裝忘記此事，但聽到他們提起時，內心仍然激動難耐，但這事對其他人來說，可能是傷痛。我總有感覺，參與太多他人的人生，可能更多過自己的。太過投入，以致我隔天回到報社寫稿時，感覺十分怪異，在我一邊用陳腔濫調悼念死者時，我還得花心思辨認，哪幾位是那天和我一起用報導埋葬米歇爾的，後一天又是哪幾位與我一起悼念艾維，過了一些時日，又是哪幾位負責緬懷我的父親，我因此與這些同事不斷回溫我逝去的故舊，這些故舊都是各領域的頂尖人物，我不但愛著他們，並且無止盡地珍惜他們的一切。隔天，或許對於更敏感的人還要再一天，我的同事們就去忙其他事了，可能又去忙另一個人死亡的消息了，這些知識分子在悼亡時，總是可以胡扯些華麗的詞藻，用他們的天分與經驗搞定工作，語帶感情，催出人們的眼淚，但比起他們，我也不惶多讓，早就對悼念駕輕就熟了。

我在米歇爾去世前不到三個月，才進到《解放報》任職。為了平息我對換工作的擔憂，米歇爾熱情地協助我度過轉換期。他協助我產出一篇報導，並且持續協助著我。當我們仍住在沃日拉爾路那時，依照那被分贓了的丹尼葉的高纖餅乾原則——必須要日復一日地堅持下去才有效果——每次我們收到米歇爾訂閱的那份《解放報》，一旦讀過後，我們通常都直接扔了，直到米歇爾對我說，他向來對其小心呵護且細細收藏，我們才停止這種舉動。我的父親則是生在《世界報》正火熱的年代，因此對這份報紙情有獨鍾，不管我在其他報社工作的事實，他總是毫無顧忌地奚落，特別是當有訪客——例如我的友人——來到家中時，他就會說他覺得在《解放報》裡寫的東西，都是他在《世界報》已經讀過了的。這激怒了我，然而這的確是他表達肯定的一種方式，只是他的統馭本能在作祟，要花時間搞些小衝突來平衡平衡。但即便是他與米歇爾幾乎年紀相仿，僅有一歲的差距，但他倆之間居然有一個世代的斷層。米歇爾總是與年輕人站在同一條基準上，例如與艾維和我，而不是與我父親那輩。然而在文學上的狀況卻是相反，我父親則是把一切都拉到文學這絕對的基準上，而就傑哈爾的看法，米歇爾在文學上卻相當有原則。當我的父親讀過《浴室》（*La salle de bains*, 1985）一書的草稿，並對只小我兩歲的作者讓·菲利浦·圖森（Jean-Philippe Toussaint, 1957-）抱有好感。

父親用了這兩年的時間，用盡自己至高無上的權力來捧著他，並盤算著圖森從此將得以比擬我——即便在年紀上也是。的確，年輕與和它關連的記憶，比諸生命中其他時段，都是最為鮮明的，這也是我之所以牢記關於米歇爾與關於父親的種種的原因。在觀察父親與祖父之間的關係時，我感覺父親在某些方面上，還是為人子，這讓我為之動容。在他成為父親時，我重複了他對他的父親所做的事，成為他父愛的囚犯，但這無法保證我未來會變得和他一樣，因為我永遠不會成為父親。他那至高無上的架子只是虛張聲勢，只有我才買帳。米歇爾，我很愛他，但卻不是像他的兒子般愛他。他幫助我建立一種完全原創關係的框架，得以容納我即將到來的感情。他將我從一個毫無選擇餘地的狀況中解放，將那個已深入我心的執念給移除。對我來說，這是他不知不覺為我做的，既不是一種祕密，也非過往那種帶來焦慮的愛，只有愛中那最美好的部分。我希望父親就是父親，也希望米歇爾永遠不要成為那個角色。

在米歇爾去世前幾天，《解放報》騰出頭幾版的篇幅，用來迎接米歇爾甫出版的兩本大作。報紙想要用那幾個版面傳達的原則，是要將米歇爾的人生視為一件藝術作品。父親並非藝術家，亦非作家，但他將作家視為高乎一切的職業。他自視為這些作家的代理人，以及出於他自己人生的缺失，他將自己的職業，視為一項藝術作品來雕琢，這正是子夜出版社對父親的意義。米歇爾沒把自己視為作家，但若非他與文學藝術關係如此之密切，他也不會成為知識分子。對我來說，父親就是子夜出版社，這間在藝術與商業，都罕見地同樣成功的公司的人格化形象。人們有時說父親吝嗇，而我相信他並非如此，因為如果他愛玩金錢遊戲，那也是為了他統御的策略，而不是崇拜金錢。有天他強調自己所處的重責大位帶來的不便時，我回答他，這是相對的，這個位置給了他相應於名銜的權力。「權力，是的。」他回答，臉上掛著掩飾不住的微笑，那種愉悅的表情，像極了唐老鴨叔叔[13]，在牠堆滿金幣的游泳池中悠遊時的模樣，或者流露出在我想像中的聖西門公爵[14]（Duke de Saint-Simon, 1675-1755）的神色，在經過這麼多年，寫下的數千頁的諷刺，以羞辱路易十四（Louis XIV, gr. 1643-1715）的私生子後，終於掛著愉悅的表情般。我因此理解我的父親，是如此地吝嗇於權力，甚至崇拜之。這合情合

譯註

13 迪士尼虛構角色，英文是 Scrooge McDock，而在法語的版本中，稱為 Balthazar Picsou，為一個極度富有的大亨，家中設有一處金庫，裡頭的金幣深似海。

14 法國政治人物，經常出入路易十四的宮廷，晚年寫下回憶錄，記錄了許多宮廷生活。

理，我可以替他惋惜，但無法多加置喙，因為所有的表達都像是在表達「忌妒他的權力」。

對於米歇爾來說，「權力關係」是他思想中首要的結構，其他相關的思想都從中自然流淌而出。他聆聽我的方式，是用最少的介入來幫助我，讓我覺得，這樣的力量是最為溫柔的，也是世上不可或缺的。就好像來自他研究權力關係的工作中，權力關係是如此孕育著不可思議的可能性，得以實踐在個人間的關係，為了更加廣泛。也就是說，這不但是在一人與另外一人之間，更是一份關係之於其他關係。面對同樣一件事，也就是和我的關係，父親想要幫助我時卻頻頻受阻，這無疑是因為血緣關係之故，他無論做什麼，都不足以平衡這份與生俱來的絕對權力落差。我們可以反過來看這件事：我的父親也不是只愛統御，藉由貝克特的例子中得到感情與崇敬，但也因為貝克特地位太高，父親覺得遇到他是大幸，並使得他的工作變得容易，成為他生命獨一無二的存在。但人們若是不去打擾父親，也會讓他擔憂，這份相安無事反倒讓他無法施展他的權力，也因此他的工作天生就是要讓他遠離象牙塔，去與人相處。他隨便一個手勢、隨便一種表達或者某一個語句，都有可能即刻激怒我。當他的兒子，意味著離與他反目就差一步——所有在一個父親身上不樂見的特質，他身上都有。但相反地，我從未被米歇爾惹惱，無疑地，他也沒被我們惹惱過。但有時他還是會被我們幹出的蠢事所激怒，當艾維與我在他面前像個智障，但目的並非激怒他。

每次米歇爾提到文學，都讓我越發覺得，我父親真的是位定義與出版文學的專家。我從小在這樣的環境中被薰陶長大，對我來說，好似有神聖的光環圍繞著書本，然而米歇爾卻總是想向我證明所有的書都是平庸的，是世俗的。但我在父親的口中，如同米歇爾口中的書本一般，是平庸不值一提的。而我與米歇爾的關係卻永遠不平凡。

那位粗魯發問的同事，就在他表達完哀悼之意後，還是得完成他的使命，企圖從我身上挖到父親下葬的內容細節。當他驚訝於我居然還出現在工作場合時，等於是給了我一記懲罰。他透露出一絲對我處境的忌妒，而我全然無法掌握之。也許我總是在抗拒，但我的身家背景，的確擁有一定的優勢，並在今時今日變得炙手可熱。有一次，我在朋友的短片中，客串扮演一位哲學教授——有點像是單口相聲劇《私人笑話》（*Private joke*）的感人版。我必須要到劇中這位教授幼年時代的地點拍攝，並在片子殺青時到場。化妝師問我是否來自一個演員世家？例如我的親堂弟？她與我一同工作時，明顯面露反感，好像我是靠關係，從另外一個適任者身上搶走這個角色的。她一直沒給我好臉色看，直到她終於明白，演電影並非我的職業，我並不靠這個吃飯。我很驕傲能成為米歇爾的朋友，卻如同我對其他的朋友一般，沒有差別，都需要互相往來才能維繫關係。只是與米歇爾的關係分量更重，只要一提起他的大名，大多數人馬上都會高看我一眼。然而我與父親的感情，我大可以他為耻，也可以對他反感，但我還是會當他的兒子，說起他，我會略感窘迫，但仍感到驕傲，我會這樣感覺不為其他，只是因為我仍愛著他，並讚美著他。

「我很遺憾。但是，你還在這裡做什麼呢？」

接到這樣極為冒犯的質問，在這樣的場合，讓我很不開心。這樣的場合，所有的人都讓我有些反胃，好像只要致上悼念後，就像簽了休戰協定，然後理所當然地、狡猾地被用來詰問，對我予取予求。還有另外一位比我年長的資深同事，即便不像父親那麼位高權重，卻想要教訓我——我一抹暗暗的冷笑就是最好的回應，好過所有的反唇相譏。我現在終於能理解，當米歇爾在聽到艾維向他複述，別人將他歸入壞人行列的評論時的感受。比起我今天聽到的那些若有似無、平庸而帶惡意的話語，我或許寧願同事直接惡毒地攻擊我：「你是個屁精，你是個嗑藥毒蟲，而且，你是傑洛·藍東的兒子。」

5

阿達伯特·史迪夫特是奧地利作家，生於一八〇五年，卒於一八六八年。像我這樣一個德文字都不懂的人，從來沒聽過他的大名，直到我剛到《新觀察家週刊》上班，在辦公桌上發現一本他的作品翻譯。我便將它帶回家閱讀。這本新穎而短小的小說，名為《沒有後裔的人》（*L'Homme sans postérité*, 1978）。一開卷就讓我十分歡喜。我在小說中，發現許多類似電影《獵人之夜》（*The Night of the Hunter*, 1955）的特色，史迪夫特的文字與查爾斯·勞頓（Charles Laughton, 1899-1962）的電影都融合在一個極端古典的空間中，呈現既童趣又成熟的特質，在我看來，它們呈現出絕對的原創性，展現一種完全相異於其他電影與小說的藝術形式。我讀起這本書原是為了殺時間，等待一名要來我家的情人。而當我讀到了一半時，這名情人已經遲到了許久，我通常會因為這種遲到而顯得心浮氣躁，然而這是唯一一次，我希望她繼續遲到，以免打斷我的閱讀。由此可見這本書的精采程度。事實上，這個女孩直到我讀完整本小說，才姍姍來遲，此外，她在那晚告訴我她的另外一個情人，定義我是罪惡的三人組中的一員——其中一位是米歇爾。

我對《沒有後裔的人》一書的傾慕，強烈到讓它成為我這輩子買過最多次的書。我給所有的朋友都各買了一本，包括傑哈爾、艾維，當然還有米歇爾，我很少推薦書給他。我也同樣推薦給我的父親，奈何對他而言，這本書沒有什麼原創性值得他青睞，作者又那麼籍籍無名。然而我卻在一週前得知，母親居然早已讀過該本書的舊譯本。這雖不足以讓父親立刻開始閱讀，但已足以讓他對我的極力推薦印象深刻。幾天後他便回頭參詳。他也與貝克特聊過這件事，當然後者自然早已熟識史迪夫特，而這本來就不令人意外，因為這位史迪夫特，正是德語世界最被尊崇的作家之一（基於對他的興趣，我特地去看了諸如尼采〔Friedrich Nietzsche, 1844-1900〕、赫塞〔Hermann Hesse, 1844-1900〕、漢克〔Peter Handke, 1942-〕等人對他的崇敬之語）。此外，貝克特能讀德文書，也提到史迪夫特最好的作品，應該是他的長篇小說《殘暑》(*Der Nachsommer*, 1857)。我讀了我所能蒐集到的史迪夫特的作品，次次都有驚喜。他的書過去譯本不多，但《沒有後裔的人》卻有新譯本以及相關報導，這些新聞集錦給了我極大的滿足。然而《殘暑》卻鮮少有類似的熱度，我期待它能出現在某家出版社的出版計畫中，宣告重譯。他被翻譯的作品都是短篇的，因此對他的長篇小說我躍躍欲試，但無奈重譯計畫總是杳無音訊。史迪夫特作品中的溫柔擄獲了我，當我知道他在開始寫作前，曾有很長一段時間想當畫家時，便對他更加著迷。

在我認識史迪夫特的人與小說二十多年後，期待已久的長篇小說《殘暑》終於重譯了，法語的重新將譯名定為《末季》（*L'Arrière-Saison*）。這本書厚達六百五十多頁，而我很慶幸當我與哈席德相偕到羅馬度假幾天時，有帶著它同行。哈席德小我十五歲，而我是梅迪西大宅的寓居者，就好像大約十年前與艾維那樣，而他在以作家身分延長一年失敗後，卻再以圖像藝術家的身分，贏得另一年的居住權。他正好是一個史迪夫特的反面[15]。這二十年的等待，使我不放過一丁一點書中的魔力。此外，就在那些最知名的逢迎諂媚者，都認為小說中某些故事線太過無趣時，我仍然全程興味盎然地讀完。但當我們這次來大宅小住幾天，在我與哈

譯註

15 因為史迪夫特同時是名畫家。

席德的關係因故變得緊繃時，開始有所轉變——我倆在大宅裡，差一點就要吵起來了。午餐時，我向他講述《末季》（他認得史迪夫特，也買了一本《沒有後裔的人》）。我像在閱讀時那樣雙目噙淚地向他訴說閱讀時的感動，而他也幾乎落淚。這本小說，就如它蝴蝶頁第四頁所述，「帶著極大的野心，去追求一個美學與道德的理念」。書中的主角，也是小說的敘事者，是一名年輕人，就像那些青少年勵志小說的套路般，他先遇見了一名少女，其後又遇見一名老婦及一名老人，彼此以神祕的方式聯結著，並各自逼近自己的死亡。然而，正如同史迪夫特在《沒有後裔的人》的筆法一般，蒼老的創造年輕的——沒有絲毫「老態」的年輕人，突然抽離出其熟悉的環境，原先的生活框架被移走，全然地迷茫，對他自己的年紀、情緒與野心所困擾。我在哈席德的眼中無疑也沒有老態，但顯然以我的年齡，早已再不適合做史迪夫特魅力的受眾了。若可以，我還是想重新向父親推薦一次，但七十五歲的他已年邁不堪，更加沒有可能再瞟上一眼這小說。他當時已臥病在床，並離死亡不遠，我開始擔憂他的健康，其他事就都擱下了。我等了整整二十年，才等到這一本合乎我胃口的譯本，文字之外，這二十年來的點點滴滴，也隨著閱讀被一一回味。

在我評論史迪夫特的文章發表後，我不經意地看到報紙上《末季》的廣告，居然大力感謝我，並說另外一篇對同本小說做評論的作者表示，看過我的文章後，對自己所寫的內容感到慚愧。這讓我感動。從這份如此低調的小廣告，向我傳遞著窩心的感受，特別是另外一篇文章的作者也做如此想，將我又帶回史迪夫特，那以優雅為唯一標準的宇宙中。這也將我帶回自己的宇宙中，史迪夫特在這裡只能算外圍的興趣而已，無論我的文章或我的閱讀如何盛讚他。米歇爾常常與我聊文學，我向他解釋過我對福克納、康拉德（Joseph Conrad, 1857-1924）、梅爾維爾（Herman Melville, 1819-1891）等人的感受後，他則說盎格魯·薩克遜文學及德國文學各有愛好者簇擁。而他是反例。他既是德語文學的行家，卻也給英文小說《在火山下》（*Under the Volcano*, 1947）[16]極高的評價，這是種莫大的恭維。他也曾在他於杜安·邁克爾斯（Duane Michals, 1932-）[17]作品集中的前言中，如此誇讚過艾維，將之比擬為麥爾坎·勞瑞。雖然我將這本書就此遺留在沃日拉爾路

譯註

16 作者為麥爾坎·勞瑞（Malcolm Lowry, 1909-1957），此書被多家媒體評為是二十世紀英文百大小說之一。

17 美國攝影大師。

那，卻也同意他這般的評價。在我們聊天的當下，我除了史迪夫特外，僅僅認識赫塞、托瑪斯・曼、布洛赫（Hermann Broch, 1886-1951），以及博恩哈德這些德語作家，於是我便不敢說出來。事後我追悔莫及，後悔於我不能用我讀過這些作者作品的看法來與他的意見對照，讓他知道我也通過了這樣德語的閱讀歷程。那另外一篇評論《末季》的文章，其作者對我的恭維相當高貴，令我想起米歐爾，因為他也有同等的氣質，也因為這位作者的肯定，我獲得與德國文學再次相戀的能力，雖然史迪夫特是奧地利人。而父親，這時早已沒有閱讀的體力了，無論是小說，還是我的文章。

一次，米歐爾誇獎我的文章，特別談及裡頭的諷刺性。這讓我驚訝，我完全不知道自己有這項特色，因為他舉出了這個點，我便自忖究竟在哪裡給他如斯的感受。過不了多久，我就欣然接受他所說的，言之有理。在我用假名出版我的第一本小說之後，我將之寄給讓・杜布菲（Jean Dubuffet, 1901-1985）[18]，然而我的心血力作，卻絲毫不受他青睞，他甚至回了一封文采飛揚的信給我。我向米歐爾說起此事：我自己後來又回了信，向杜布菲說，因為對身兼畫家與作家的他太過熱烈崇拜，造就了現在的我。而米歐爾笑了，他一定覺得這樣很滑稽，因為這個匿名寄書的傢伙居然這麼多廢話，但他那爽朗的笑並沒有惡意，而我也很開心地發現自己有多麼荒謬，竟然將自己置入這樣的境地中。我也覺得諷刺，因為諷刺性不時出現在我的生活周遭。當我從父母的公寓搬出去，並自己獨居時，母親交給我過往的學習成績單，要我自己丟掉。我很好奇當年老師是怎麼評斷我的學習，便拿了最舊的一篇來讀，上面只寫著：「語言非常精確，有時帶有諷刺性。」我當時才六歲，如今我倒是很想回憶起，究竟一個六歲的孩子，能寫出怎樣的諷刺性。

那位盛讚我的作家，也看出我的報導型寫作。就好像《沒有後裔的人》一書中的男孩一般，我習於相信所有人們向我講述的故事，一開始無法看透我的文章策略，卻能感受得到其藏在背後。父親非常喜歡說記者的壞話，罵得比其他編輯罵記者更加難聽，而我人生首次工作就是在他們的鄙視下展開的。但於此同時，父親居然幫我在《新觀察家週刊》找了份實習工作，從此我便確定了，所謂工作是人人必盡的義務，就算那家雜誌社在幾年後解雇我，還得要表達感謝。而接下

譯註

18 法國藝術大師、畫家、雕塑家。

來的故事更讓米歇爾開心：在《新觀察家週刊》社內，有許多如我之流的實習生或排字工。而因為報紙頁數有限，篇幅又總被那些學者專家占據——例如米歇爾那樣的角色。這些實習生常常抱怨說自己的成果又不會見報了。我因此滿足於發表一篇最小篇幅的文章，總是保持幽默，從未糾結於受到壓迫，使我的文章無法發表，因此到了最後，我是最早幾位被簽定為正式員工的。而這個策略同樣使米歇爾開心，也讓我在回顧此事時為自己感到驕傲，為我自己當時能這麼想，也為讓米歇爾驚喜，這是一個說明經濟結構的好例子。然而，因為我有意識地避免從父親處得到庇蔭，對當時的我來說，記者工作相比於作家，是如此卑賤，我無法在工作中做喜愛的事，無論其他職業是否如此。我想做的，不過是在這個完全沒有幽默感的諷刺世界中，找到自己的位置罷了。

在認識米歇爾之前，我早就愛上他為《瘋狂史》再版所寫的，那只有三頁的前言，更勝於整本書。在其中，米歇爾解釋他為何無法再寫一篇前言，並以一行突兀的文字總結，以一段對話的形式

「——但你這不就寫就了一篇前言嗎？」

「——至少這篇前言很短。」

完美地體現了米歇爾的理論，也正是我諷刺概念的所在。這裡頭有趣的地方，在於諷刺性本身的純粹：解釋為何不寫前言，卻因此寫了一篇前言。在讀過尼采的一些文章後，我感覺無法理解，如果他寫的東西是用來彰顯他的思考，或者使那些曾想過這些問題的人感覺荒謬的話？在米歇爾死後，我變得對德國文學更加熟悉，有時我在面對托瑪斯．曼還是有同樣的不確定感，但我很愛《約瑟夫和他的兄弟們》，早已通篇閱讀過多次。但是史迪夫特，就如同維拉．凱瑟之於美國文學，對我來說已超越了諷刺性。我毫無窒礙地可以將他們想像成自我誹謗者，但若一些不明就裡的讀者，相信他們在作品中的自我調侃，這只會認為他們是可鄙的，就像一名《悲慘世界》的讀者，若對被尚萬強所騙的米里哀主教而冷笑，笑說：那個傻瓜，並且抱持著這樣的理解看完整部小說一樣悲慘。

《末季》讓我想起米歇爾，這並不僅僅是在平靜而安詳的心靈上製造波瀾，或者一種亞里斯多德式的智慧靈思，而其中對衰老的描述，更是與他無涉。這是由於小說裡一些內在的特色，連結到我的生命。《末季》就好像是本為了我而寫的青少年勵志小說，內容就是為了教導我如何認識米歇爾，認識越深入越好。在史迪夫特的文字裡，兩個最老的人物活在「在幸福以及堅定中，以一種沒經過夏季，直達秋季（末季）的方式」。我駭人的青少年時期顯然讓我的青春來遲了，而米歇爾的死，卻將我的青春埋葬了。至少我是這麼想的。我與米歇爾相遇的年紀，大約等同於父親認識貝克特時。也許應該還要再晚些，若我能在三十多歲時才認識他，或許會更好。我不僅在自己的青春中，也在廣義的青春中認出他的形象。在我眼中，他擬人化了兩者，好像父親所能達到的形象的相反。邂逅他人一直是生命中的重大事件，對我來說，要克服這麼大的困難，與花那麼久的時間，使得這樣的邂逅他人就像一場神祕的冒險。因為像我這樣在保守家庭中被養大的人，總是覺得遺憾，覺得若與自己的父母從沒相遇的話，那該有多好。然而現實上沒有小說中的自然閃電，亦沒有被雷劈的對象，更沒有得以從他人處自由學習的過程。愛的存在必須先於他人，然後邂逅才得以成立——這既是過度詮釋，也不足以詮釋。幸好，僅僅只有我的青少年時期遠離了我。我突然能理解自己能夠帶著幸福與堅定活著，以一種「末季」的方式。只是這個「末季」的意義，不再是跳過夏天、直達秋天，而變成跳過了春天，而永遠受庇佑地，停在夏天。

當我遇見哈席德，便為他不能與米歇爾認識感到惋惜。我想像米歇爾會如何對他讚譽有加，因為米歇爾會將他類比於艾維與麥爾坎．勞瑞，以他那未經矯飾的低調，以及天真的獨立性。在羅馬，在那個決定我倆後來關係的緊繃時刻，我完全不擔心。我知道該如何做，必須要相信他，也得相信我自己，相信我對他的愛，以及我對自己的愛，事情至此就會自己形成秩序，在一切世俗常規之外。因此，我在那時什麼都不用做，只好對他說著《末季》裡的內容，好像是我自己寫的小說一般，因為當下我無法克制住自己不去講它。在米歇爾面前，我感覺自己總像個孩子，而米歇爾才像個年輕人，這份感覺或許要等我到了他去世時的那個年紀，才會消退。他每次替我打開沃日拉爾路那的公寓大門時，流露出的喜悅，我都將之占為己有。我自認有能力也能在不知不覺中，給他相同的喜悅。我已從他那裡拿了上千樣東西，拿得太過理所當然，而我感謝他——這即是朋友與父親間最主要的差別，只有對朋友才要道謝。當我尖酸刻薄地調侃自己的現況時，其實對自己能走到今天這步充滿感激。改變對我來說，就是進步。我的父親是一個既成事實，米歇爾則是一個改變的機會。哈席德則承繼了米歇爾，成為另一個機會。

我很肯定，米歇爾會感到開心，因為他正是希望我透過人際關係來學會生活。而在與哈席德相遇的過程中，我發現他也是位人際關係的專家，而他在感情上的慷慨，很不幸地，構成一種諷刺——正因為他是如此長袖善舞，慷慨才得以是慷慨。這也是我父親在與我長期相處中，應該從我身上感覺到的。經過這幾年，米歇爾的死，讓我感覺自己從未這麼真切的活著，隨之而來的是強烈的痛苦，但不是意識到我倆的巨大斷裂，像我與父親之間的那樣。所有我對米歇爾死亡的感受，在知道史迪夫特是如何過世時，又冒了出來。在一八六八年的一月二十六號，在史迪夫特六十二歲時，在經過上千的折磨，極度地痛苦之下（癌症或者肝硬化），這位催生無數傑作的作者，在永恆的靜謐中，自己用剃刀割斷了自己的喉嚨，並在兩天後死去。「啊！巴托比！啊！人性啊！」梅爾維爾這麼寫過，在他最愚蠢的中篇小說中，在大學時，我曾經獻給我的情人。啊，多麼諷刺啊！啊，多麼靜謐呀！

6

傑哈爾送我一頂棒球帽，但幾天後我又因這帽子與他吵架。我永遠不可能變成他——「他知道我永遠不會戴！」我在哈席德面前這麼說，我的憤怒讓他忍俊不止，明明是接到自己最溫和的朋友的禮物，卻搞得好像要宣戰似的，而且我根本連試也沒試，就將帽子扔進衣櫃裡，再也不拿出來。服裝並非我的長項，我只喜歡從頭到腳的樸素。但後來傑哈爾又向我提起此事，卻是要提醒我，我在第一次見米歇爾時，也戴著一頂棒球帽。

因為實際上，我第一次見到米歇爾，是在正式寓居沃日拉爾路那之前。即便那根本不算是一次「見面」——為了父親交給我負責的期刊，我邀請一名瑞士朋友一同工作，因為他已經出版過一些文章，小有名氣了。我們向米歇爾·傅柯邀約一篇評論，他則與我們約在他家見面，以便討論細節。在下午末尾時。這位叫德尼的瑞士朋友，原先與我約好在大樓一樓見面後，再一起上樓。我一如往常提前到了，德尼則讓人等到心焦。到了約會的時間，他還是沒來，我只好自己上樓，覺得若讓米歇爾這樣的人物覺得我們遲到，而我們又是有求於他，實在太過粗魯了。原來德尼迷路了，並且在二十多分鐘後才按了門鈴，而我早已進到公寓裡了。這次德尼並沒有給我太多的幫助，因為我在面對米歇爾·傅柯時太過害羞，且對德尼的遲到既生氣又擔心。最後米歇爾禮貌地請走了我們，因此這篇評論並沒有寫成。我有好幾年都羞於講述這段往事，僅此一次。米歇爾對我說他當時對我有先入為主的偏見。好像我是繼任托尼．都費赫（Tony Duvert, 1945-2008）的刊物主編一般。他以為我是藉由父親的庇蔭，與我的伙伴得以取而代之，因此米歇爾完全沒有意願要去為這種內舉不避親的事情買單。

在這之前，其實還有另一次見面的機會，但最終根本沒有實現，因此我們沒有再說過話。彼時我才剛考完大學入學考，尚與父母同住。身為學生，我有大把的時間，但卻沒有人脈。大學入學考並沒有奇蹟似地，替我地獄般的少年時光結出美好的果實，即便我就讀的大學將減免我部分學費。我更加確定我對文學的喜好，甚至比我的性向更為清晰。我知道米歇爾有一堂公開課在法蘭西公學院。也知道該機構的規定——逼著米歇爾再開一堂講座課，後者聽課的人數就一定不會太多，我因此可能有更多機會被注意到。學期開始，我幸運地選上了課，第一堂便去了。人來的不是太多，米歇爾更試圖勸退我們。但無論如何，我們必須先填寫一張表格，我填了，開心於這張表格收回去時，會提及我們的名字，而我以自己的名字為傲。我抱著些許的家族菁英主義，只是單純想著父親是有名人士——這不是因為他是名足球員，而是因為他是名編輯，有哪個孩子不會因為自己父親是編輯，而感到熱血沸騰？更何況他的出版社還沒有以他的名字命名呢？從沒有同學問過我，我是不是某個家族的某某。但他好歹也算是受尊敬的名人，在特定而高尚的場合，那些米歇爾也是其中一分子的場合裡。

我父親在家時不太會自我調侃，但倒是會講講笑話，有時借用阿卡曼儂王（Agamemnon）的口白（「一位大鬍子的國王，一直喝一直喝」），那是在歌劇《美麗的海倫》（*La Belle Hélène*, 1864）[19]中，〈國王的前進〉（Marche des Rois）中的一段：

「我想我在說完自己的名字時，就說得夠多了。」或者「這個名字只是要讓我免除，免除，免除我說得太長。」祖父熱愛奧芬巴哈，這成了我們家庭文化的一部分。他時而簡明、時而矯揉造作的風格，不太受到愛樂者的歡迎，但將他與當時流行的歌劇作家諸如梅雅克（Henri Meilhac, 1831-1897）、阿勒維（Ludovic Halévy, 1834-1908）放在一塊，他的作品則顯得尖銳而深刻。當貝克特、莒哈絲、霍格里耶、德勒茲、布赫迪厄、班傑、西蒙等人到我家作客時，無一不是經

——譯註——

19 奧芬巴哈的作品。

由我父親而接觸到奧芬巴哈。在我陰暗的青少年時期，這些閱聽體驗倒是一點也不少，不知不覺養成了我的附庸風雅。但米歇爾．傅柯先生在掃視過我的表格後，遞回給我，沒有表露出太大的興趣。夠了，我要離他遠一點。即便有時我挺固執的，但多數時候，我都像揚安（Jean Yanne, 1933-2003）[20]在訪談說的那樣：「我是塔比（Bernard Tapie, 1943-）[21]的反面。只要碰到第一層障礙，我便放棄。」

父親總是事事留意自己衣著的優雅。母親常常幫他添購衣服，就像她現在常常為我做的一般。在這個時期之前，父親自己搞來一頂棒球帽，出門都不忘戴著它，好像帽子對己不可或缺一般。這讓我更加認為，帽子從此就是我敬謝不敏的配件。我真正談得上對衣著的主見，則是對毛衣的選擇。平凡、稍微買大一號、寬大、舒服、有些皺褶。父親的帽子事件，向我展現了衣著有更加具社交意義的用處，因此我戴了幾個星期的帽子，戴著它去上米歇爾在法蘭西公學院的講座課，然而它夢幻般的誘惑力卻不靈光了。

那場與米歇爾第二次並以失敗告終的會面，我沒有等德尼就上樓是對的。因為米歇爾的確對我留下了印象。直到很久以後，他才對我說，自己曾參與陪審團的工作，與我的祖父短暫共事。法院僱了一台計程車載他們到目的地，除了他們兩位，還有第三位先生一同搭車。當車子到達第三人的住處時，司機、米歇爾與我的祖父等了他幾分鐘。依米歇爾所見，面對那位先生無理的行為，就在短短幾秒間，憤怒差點就要從祖父全身的毛孔一湧而出，讓米歇爾不禁擔心起他的健康，雖然此時此刻聽來卻十分逗趣。事實上，祖父的兄弟，一位我幾乎不認識的叔祖輩，在餐廳因心臟病發作而猝死，家人說他是因為店內糟糕的服務而盛怒攻心。

有一次，米歇爾、丹尼葉、艾維及其友人泰瑞（並非前文所述的泰瑞）和我，一同前往劇院看戲。這齣戲因為是在郊外演出，因此由米歇爾開車載我們去。在開演差不多一小時時，劇院內突然響起了空襲警報，觀眾被迫疏散。而在廳外，人們熱情地談論這齣戲，稱讚從劇本到演出都非常出色。這突如其來的中斷搞砸了一切，導致重新演出後還不過半小時，便到了中場休息，米歇爾與我都覺得劇本變得超級無聊，至於演出也乏善可陳，是時候該走了。丹尼葉與泰瑞並沒有反對，但艾維因為第一印象，決定要留下來，而提早離場需要我們所有人意

譯註

20 法國電影演員，曾獲第二十五屆坎城影展最佳男演員獎。

21 法國商界大亨。

見一致，我們因此得全員留下。五分鐘後，演出還沒開始，坐我身旁的艾維，又決定要聽從團體意見，但此時卻沒辦法離場了。演員穿著戰士的服飾，幾乎連牙齒都全副武裝，叫著喊著，從劇院的各個角落冒了出來。這不失為一種滑稽的效果，似乎要進行戰鬥，但他們卻彷彿是逃進場內的，嘴上還不停喃喃說著「抱歉、抱歉、抱歉」。我們待到最後，如同接受過一輪酷刑，終於被釋放了，我們因此更加好奇自己怎麼能夠度過這樣的演出及場地，在這樣無趣到近乎歇斯底里的狀況，回程更攀上另一高峰。米歇爾因我們的遲歸而憤怒，認為我們是在浪費他時間，連丹尼葉費力勸慰他，試圖緩和氣氛都徒勞無功，我們幾個更沒膽再開口說些什麼。米歇爾後來保持緘默，倒也就沒再說些令人不快的話，我之後再也沒看過他有過這樣的狀態。他把我們丟在香榭麗舍大道上，讓我們三人可以去吃晚餐，他與丹尼葉則直接返家。

就在《給那沒有救我的朋友》一書上市之前不久，我人在巴西的聖保羅，在貝納爾多的老家。我出發前一週，艾維請求我再讀一次書的清樣，看能不能給出些建議，我因此埋頭細讀了起來。我第一次讀這部作品時，便非常高興看到艾維將一些與米歇爾的軼事，鮮活地呈現出來。而我無法克制地想著，這本小說以及其中牽涉到丹尼葉的情節，會對丹尼葉本人造成怎麼樣的效果。但到了第二次閱讀，我也沒法立即給他回饋，過了幾天，心中才有了一些想法。只是，在當時的巴西，要安一支固定電話宛如一場大冒險，貝納爾多自然也沒有這麼幹。而到當地郵局打電話，已經超出我那貧弱的葡萄牙語程度。因此我只能等到回到法國，才能把意見交給艾維。在我看來，他應該要刪去某幾段句子，我已經將之標記出來，這樣或許會讓小說有所缺憾，但卻可以告慰丹尼葉。然而艾維回答我說，若我早點向他說的話，或許還有機會可以修改，如今書已送印，無論是什麼內容，都不可能更動了。我希望他三思的段落，是米歇爾因丹尼葉的遲到，而怒火中燒到喪失自我的事實。對我來說，寫這些會牽涉到仍活著的人的細節，似乎沒必要。然而，在兩個如此親密的人之間，時不時的鬧彆扭倒一點也不奇怪。我特別關心對遲到容忍度的細節，米歇爾在這點上，與我算是一家人。

當米歇爾自己有可能遲到，並且地點還是約在他自己家時，他都會先要我進到室內等他。因為即便當時我不住在那，但仍在等待著下次替他看家的機會，我一直留著沃日拉爾路那的鑰匙，直到他去世之時，鑰匙都仍躺在我的口袋裡。二十五年過後，我向一位仗著交情、和我約會從沒準時到過的朋友說，就是有人覺得，遲到是唯一一種讓自己被期待的方式。米歇爾則是找到另外一種更加絕對的方式——我每天都期待著能看到他，就算他僅僅只是路過，都能讓我安心。

在遇見米歇爾之前的五年，我先認識了羅蘭．巴特——他也是少數幾個，父親恨不得幫他出書卻不可得的作者之一。子夜出版社的一名編輯托尼．都費赫，就是在巴特首次擔任評審的梅迪西文學獎（Prix Médicis）中獲獎，而且正是由於巴特的支持，他才得以獲獎。父親因此邀請巴特來家裡晚餐，當時十八歲的我也在場。我一般不會在室內戴著棒球帽，但那天我卻戴了，並成功贏得巴特的注意力，他邀請我去上他的講座課，這樣我就可以每週都看到他了。在那個大多數聽講者都比我年長的場合，而且我是在課程開始後才加入，出於害羞，我大多數時候都保持沉默。在夏天之初，我寄給巴特一封短信，向他告假，不能前往學期末的餐會，他回答說若真不能來，那也不要緊，還有其他機會，而且「這門課在等著你，我也在等著你。」（巴特在這裡用了「你」來稱呼我，而非師生間慣用的「您」）。但那門課我總是遲到，他期待我能給他一個合理的解釋，但自從我朝他不耐煩地哼了一聲後，便彷彿馬上被逐出這個世界之外，他不再有哪個課程還會接納我，雖說一切合法，卻相當粗魯。好像我一下子變得不存在一般。多年後，在巴特死後紀念展覽的開幕式上，我上前恭喜活動策劃人，這引起了她的注意──在一張課程出席學生的巨大團體照中，只有一名年輕學生一臉冷漠。「是了，這就是照片中唯一一位無法確認身分的學生。」她說。當然，那就是我。

後來我便再也沒見過巴特，除了那一次──他也收邀參加米歇爾在自家舉辦的日本裸體舞者沙龍。當泰瑞與我到沃日拉爾路那時，時間還早，我們便協助準備活動。米歇爾差我們去地窖拿幾瓶酒，因為地窖入口在這棟樓的外頭，我們先得走出去，才能到達地窖。在我們就要走出這棟樓時，正巧撞見剛抵達的巴特。當他看到我時，臉色顯露出驚訝──就像我們在動漫中所看到的那種驚呆了的表情。他當下頭也不回地往前走，但若非出自如此本能的反應，或許這樣的舉動會顯得更加唐突──這不過是直覺上的冒犯罷了，他鐵定想著，我早應該在同性戀的垃圾堆中了結我的一生了，然而僅僅一個奇蹟發生，就將我從虛無中拉回來。沒有再彼此算計，也沒有什麼迴避策略，我們整晚都沒有交談。我從未與米歇爾提過我與巴特的事，他也從未想過我倆居然認識。而現在我糾結於這段不受期待的關係，反倒帶著某種程度的狂妄自大。我惋惜，不過不是為我自己，因為我已有了米歇爾，我是為了巴特而惋惜。他應該也感到惋惜，他應該惋惜於本可以從我身上奪走些什麼。出於好奇，我覺得他應該更感失落，因為我被米歇爾拯救了。最近有消息說，在上千的追隨者中，巴特精挑細選了一位二十多歲的小伙子——比我當年還更年輕——然而同樣面對那位當年我一心一意想跟隨，最後卻適得其反的大師，這個小伙子最終也被逐出師門，就像巴特當年對我所做的一般（但巴特卻沒有那麼容易就走出我的生命，正如同我之於巴特）。

米歇爾只與我聊過一次巴特的死——在他走出法蘭西公學院時，遭一輛卡車撞傷，之後便再也沒能走出醫院，流言猜測他自己或多或少已放棄求生意志。米歇爾在他車禍後的幾天，親自到醫院探視他。米歇爾臨出家門時對我說道，尚不確定他的狀況是好是壞，一切只能等到了醫院才能知曉，而他決心等死的消極狀態，在醫療過程中實屬平常，必須要努力避免，為了證明他的詮釋為真，他更說道，我們可以反向地想像巴特幸福終老的模樣，如某句中國的諺語所述。在米歇爾去世後，當我去探望他年邁的老師，我的感嘆就又被顛覆了一次——他早已超出當年米歇爾所能想像的年老。所以當這位老師說，米歇爾能死於年輕時是幸運的，因而能對自己的離世方式有全部的主導權。這樣的想法立即安慰了我，但這位老師鐵定也在這麼漫長的壽命裡，找到了屬於年老的幸福。

父親離世之時是七十五歲，我思忖著，他有過一段美滿的人生。他下葬時，大哥缺席了，所以由我來吟誦猶太教的祈禱文。父親常常自己在猶太教的葬禮中負責吟誦，即便就禮法而言並不合適，而他自己也知道，但有鑑於死者的兒子並非每次都能到場，他還是義務相助。我不會讀希伯來文字，因為我僅在自己的成年禮時學過而已。一位剛剛才失去雙親的朋友，給我一份用音標注音的祈禱文。我因此用法語聲調讀著，讓人完全聽不懂，但這個複誦賦予了新的唸法美感，聽來恍若一首莊嚴的詩歌。而我其中一位虔誠的叔叔，在我朗誦完時誇獎了我。在他的讚賞聲中，我才驚覺自己忘了戴上小圓帽（Kipa）。它一直收在我的口袋中。我將之拿出來，展現我的愚笨給叔叔看，而他一直保持和善。他心裡一定覺得我是故意不戴的，自以為世俗主義、離經叛道，並愚笨地認為這樣比較好，把自己腦袋的糊裡糊塗，也怪罪給曾經戴過這小帽的之故。但總之，就宗教意義上來說，戴帽還是必須的，特別是我手上明明就有帽子，更不該讓頭頂光溜溜的。

然而，這時一頂簡單的棒球帽，或許更加合適。

7

「看門的人絕不會放你們進去的，我的小兔子們。」

米歇爾有天盛裝打扮，只為了到那間，我們所知服儀規定最為嚴格的酒吧——艾維與我假意露出想同他去的模樣。這當然是開玩笑的，我們不喜歡將自己平日的人際關係，帶進那場合，因此沒有意願相偕前往。「小兔子」這個稱呼，有其特殊涵義，是我們對那些與事物刻意保持距離的人，充滿感情的暱稱：當我們並不屬於眼前這群人時，那麼，我們就是從當下逃跑的兔子。但我們的青春，並不能幫助我們逃過關卡，如果我們沒有乖乖遵守服儀規定的話。青春並未賦予我們比米歇爾更多的特權，這很公平。

其實早在幾年前，我就有感於青春也占不了絲毫便宜，只是當時的感受還不是很精確。那是傑哈爾、馬克與我三人的紐約之旅，也正是在那一次，讓我初嚐迷幻藥的滋味。有一晚，我們去了「礦道」（Mine Shaft），一間性虐愛好者同志聚集的店，聲名遠播，使我們想去那欣賞表演，雖然幾個同行的伙伴都不期待會在那裡遇上什麼善男信女。我也不期待，我不是去那找對象的。除了好奇心之外，我們其實怕得要命。聽人家說，那兒曾經發生非常離譜的事，繪聲繪影，好像只要我一踏進店裡，就在劫難逃一般。在這種場合，先做好遇事的心理準備，乃是基本的規則。我們到達附近後，卻找不到確切的地點。其位處曼哈坦島的西南部，靠近華爾街的碼頭邊。當時已經是清晨三點，那地方卻還空無人煙。沒有比這裡更聲名狼藉的地方了，但無知讓我們不甚害怕，反倒更擔心我們找不到該酒吧，或者我們若真到了，然後出了什麼亂子，在這大半夜裡要往哪裡逃。最終我們還是抵達目的地，守門的放我們進去，也不管我們只穿著T恤牛仔褲。我們發現店裡的客人大多比我們來得年長，我們沒待多久，因為唯有在心理層面更加充分地融入這裡的氣氛時，表演才會精采，而我們顯然沒有。此外，沒有人對我們感興趣，一眼就能認出我們是外來者。我們的打扮也不太像遊客。當我對米歇爾講述這些，他卻訝異於我們為什麼沒在一開始就吃閉門羹，而且上次在類似的狀況下，人們就對他這麼做，在此類活動還沒有那麼開放的年代。

如果我在冒險途中與他保持連繫，並遵照他的安全守則的話，米歇爾也許就不會那麼大驚小怪了。有次他與我聊起與丹尼葉的關係，說道經過這麼多年，性事已明顯不是維繫他倆的主要因素了，這讓我放下心來，並更加了解米歇爾在性愛上的底線。有一晚他在沃日拉爾路那替我開門時，正準備開始精采的一夜——他帶了一名年輕男子回家，而他們的SM儀式才剛剛開始，那名男子正表達著他的愉悅，喊著：

「這根本是小意思！」在這之後，米歇爾和我說，他的極限就到這裡了，沒法再更進一步了。姑且不論他的名聲，我們這些小兔子，比起他大膽性遊戲的玩伴，也是一文不值。

正因為我從未與米歇爾，也未與艾維做愛過——這兩位也是我唯二的兩個朋友——我曾遐想過發生關係，卻從未實現。不做愛，也成為我們三個另一種關聯方式。因為愛滋病帶走了這些我原先不想與他們同睡，而他們也不希望與我同睡的朋友，也禁止我去後悔這項沒實現的行為。這是種耻辱，但我真實感受就是如此。

透過迂迴但卻無法言喻的途徑，米歇爾的死亡引導我認識了貝納爾多，而艾維的死讓我認識了哈席德。我不能說是因為一位親人或朋友的逝去，讓我得以獲得另一位的親人或朋友。而是感動於我的愛能夠經久不衰。就像我覺得父親的死，就間接成就了後來與另一名男孩的關係基礎，我稱這個男孩為「我最愛的大災難」，因為與他的關係總是一團亂，而他不管我倆關係有多好、多親密，他總是拒絕與我做愛——我與他的感情比不上和米歇爾的那樣高尚，是粗暴下流的主從關係，他總是抬起他的屁股向我挑釁，向我宣示他的主權：「我絕對不會讓你進來的，我的小兔子。」然而在這段與這個男孩相互折磨的日子裡，米歇爾逝去的意義更為重大，當時我尚不能聲稱自己走出他死亡的陰霾，也許永遠也走不出了，我更沒法用相同的方式，來哀悼父親。在米歇爾下葬後，我見過吉勒．德勒茲幾次，他在太平間時為米歇爾致上的悼辭，讓我相當感動。有一次我向他說起，父親有時會激怒我，他則安撫著我，並向我保證這段關係絕對是相互作用的。我因此開始以互相的方式，來思考我身旁所有的關係，但唯獨對於性與父親的問題時，兩造總是相互無言。難道不正是因為愛，這樣的相互作用才是最劇烈的？父親不也正是以與我的相互作用，來定義自身，如果他也願意用下流的詞彙的話，他會不會也稱呼我是他的「最愛的大災難」？

這些年來，再將他那封精采絕倫的遺書仔細研究，我從中讀到，在他要求我徹底將他遺忘的要求中，一種死後意志流淌其中，既是針對他自己，也是針對我，彷彿一種青少年彼此間吆喝的口吻：「拜託你稍微忘記我吧。」、「放過我吧！」。我到了很久之後，才能真正放過父親，這位我最愛的大災難。在他眼中，我或許也是場災難，卻非來自於對我的想念，而是透過某種「彼此約束」（double bind）的親子關係。在這樣的關係中，孩子要嘛永遠無法達到父母的期待，因而造成失望；要嘛孩子絕對服從父母。就像女子職業網球明星威廉絲姊妹（The Williams sisters），她們的父親從小就希望她們去參加網球比賽，而她們也真的成為了冠軍。但她們的父親或許沒想過，也許威廉斯姊妹會在五歲時，就有足夠強大的意志，對他與他的網球拍不屑一顧？她們的服從，會不會證明了她們擁有比拿冠軍更強大的力量，因為她們實踐了一個原先並不屬於她們的夢想？父親曾希望從我這裡能得到孫子女，但他很快就放棄了。他那出色的談判技巧，對我完全無用武之地。當他確定我絕對不會結婚時，便已有所覺悟。我當時還不知道，其實我正在對自己說：「父愛，我的小兔子，我絕不會讓你進到我的內心深處的。」從此，我的性生活不再令他感興趣，也免除了他所有擔憂。他只惋惜我的書沒能在對家族保持尊重的情況下創作。而我作品中文學化的性愛，對他而言就是最大的麻煩。

在我年幼時，所有受邀來家中吃晚餐的作家們當中，我的最愛莫過於阿蘭．霍格里耶了。我當時還不知道，他的作品中關於性的題材如此明確，否則，我面對他便更不會感到害羞。相比於其他作家，他是唯一一位與父親保持著同儕情誼的——他們年紀相仿，能相互理解，更一起打拚，打造了子夜出版社的規模基礎。他們自年輕時，便分享著彼此生命中的重要事物。這樣的情誼讓我欣賞，在那之後，米歇爾曾列舉霍格里耶是這些作家當中，對於自身工作最優游自在的第一位，並在工作之外建立了最好的人際關係。這些評價，相當符合我對他個人的觀察。霍格里耶也是唯一一位與我們家庭有私交的子夜出版社麾下作家，不僅是他的太太，他的姊妹，甚至他的雙親，都與我家交好。在他自傳式的作品《類小說》（*Romanesques*）三部曲中，他提及已去世的母親，並說到彷彿能重新聽見她的聲音。我也被這些語句打動了，因為當我讀到這些語句時，他母親的聲音彷彿在我耳邊響起，雖然我見過他母親的次數，並不超過十次，卻也如霍格里耶所聽見的那樣切身。我從未想過讀到一位六旬作家的自傳，尚能回憶他的老母親，這就好像將文學理解為一種永恆的存在，並找到某一點，直接勾連到自己的生命一般，不僅僅是在文字感悟上，而是確確實實地連結到生命本身。

我從小就知道關於霍格里耶老夫人的一些往事。她是家族內的傳奇。我出生的那年，《窺視者》（*Le Voyeur*, 1955）問市，是她兒子的第二本小說。裡頭描述一場即將發生的性侵案，正是書中劇情的主軸。霍格里耶老夫人於是向我母親說：「這是一本非常美的書。我認為唯一的缺點，則是不巧地由我兒子阿蘭將它寫出來。」在當時，我盤算自己很快也會成為一名談性愛的作家。但當面對那些在觀點最為保守的家長們時，他們恐怕會懶得去分辨，在對我作品的意見中，究竟哪些是針對文學呈現，哪些是針對我本人的性向。當我的第一本小說出版之際，父親決定將我的手稿隱去姓名，拿給霍格里耶閱讀，而他對我的作品極為推崇，化解了我與父親的衝突。這讓我相當雀躍。我幼年時對他的崇拜一直持續至今，因為，在我被朋友圍繞之前，他是唯一一位我最容易接觸到的，對性愛直言不諱的人。讀完我的作品，他也是唯一一個敢直接問我那小說中那位帶著自傳色彩，並幹了不潔勾當的角色與我的關係。提問時他依舊灑脫，問題直白而露骨。而如果題材不合他的胃口，例如同性戀，他會向我解釋為何他這麼篤定這個題材將會索然無味。經過了匿名手稿的事件後，只要他在公開場合遇見我與我父母，就有意無意地在對話中加入些讚頌男孩之美的暗喻，他知道我能聽懂，他這麼做，只為了向我拋出問題，看看我是否能猜出究竟在暗示什麼，他喜不自勝地，彷彿和我扮演著打情罵俏的戀人。他在我父母面前的表現，就好像艾維與我，假裝撩撥著即將出發前往性虐愛好者酒吧的米歇爾那樣，只是關係不盡相同。而我的父母回答他的方式，當然不是像米歇爾般熱情地回答他，而是有時就乾脆不理他。我父母從不吝於表達自己的意見，但絕不是在這樣的狀況下。霍格里耶以引出他們的窘迫為樂，好像在棋盤上將他們一軍似的，而我也因此成了逃出他們掌握的兔子。即便到了八十幾歲，霍格里耶仍表現得像個青春洋溢的孩子。

此外，在我看來，父親與霍格里耶在性愛上也有著一定的聯結。他兩人見面時的曖昧，就足以構成對他倆關係的最大暗示，特別是當我母親也在場時。子夜出版社戰鬥力最為勃發的時刻，他倆經常結伴出遊，我猜測他們偶爾也會去同性戀場合轉轉。有一回我和父親以及他一位青少年時期的朋友一同午餐。這位朋友講述著他倆當年共同的冒險，我無法想像這些冒險，霍格里耶竟也參與其中。這讓我侷促不安。霍格里耶的妻子凱特琳，在父親死後，出版了一本日記，裡頭所揭露的父親與霍格里耶在性愛方面的聯繫，遠遠超出了我先前的想像。她也在父親仍在世時，出版一本書確認她自己施虐的經驗，並在一檔名為《省略號》（*Apostrophes*）的電視節目上，為她的作品辯護。這樣對於性虐愛好者的宣揚，被我父母錯誤地解讀，認為她一點也不低調，違反了他們的價值觀。但在七十歲那年過世前，凱特琳將故事搬上舞台，劇中的性虐成了主題，並被燒錄成光碟保存，我驚訝得說不出話來——這樣突破道德分際的演出，令我大加讚賞。無論正確與否，我想像米歇爾若還在世，也會對這樣的演出印象深刻。他或許會笑，但他的笑並非是取笑，而且難保他不會將他的下唇向前扁了扁，擺出他在盛讚我的祖父時的表情？

霍格里耶同樣在《類小說》中寫道，自打他與父親相識後，就經常聽他說著一則故事。這故事透露出我的父親是唯一一名覺得世界古怪、並感到惴惴不安的人。故事大意是一名父親總愛把自己的孩子往上拋，越拋越高，然後在快落地時接住孩子，把孩子逗得樂不可支，然後再將他丟得更高，到最後卻不再接住他，任由孩子落地受傷，這樣，對他的教育就算完成了。這名孩子經過這次教訓後明白，千萬不要相信任何人。在霍格里耶講之前，我從未聽過父親提起過這故事。

但後來體驗到父親對他人極度缺乏信心，以及時時提防的舉動，我深深地為對那位教導他這些偏斜觀念的人，感到遺憾。他有時會靠通信維持與我的關係，正經八百，好像要透過法院公證人簽發一般，想要彼此傾訴感情，要比被鞭打還難受。即便如此，我在童年時，還是覺得自己是他的最愛。藉由模仿，或者設身處地，我早已從他身上提取出必要的情感依靠，完整而飽滿，從而不再需要與他維持著既不穩定，又時有爭執，讓我不甚滿意的關係了。

當米歇爾向我說，他又在關於道德的箴言中，找到卑劣的描述時，我馬上能夠理解。而那些他能夠隨手拈來的例子，是像拉羅什福柯（François de La Rochefoucauld, 1613-1680）的格言，諸如「提防自己朋友比提防自己犯錯更加用心，是可恥的。」這樣精確描述一段關係的格言，展現了一段獨特的思維，以及其中為形成該原創性而實行的論述方式。或者另一句著名的格言：「不知道如何講述愛情之人，永遠不會墜入愛河。」若將這句格言倒過來解讀，無知的人仍可以達到某種程度的戀愛，因為我就是鐵證，我可以戀愛，毋需知道愛為何物，正因為我從未聽說愛可以如斯純粹，所以無知一點也不影響我品嘗愛的滋味。父親著魔般的權力意志，實際上也限制了他的自由。正是同樣一份權力意志，使得我們得以存活，更加輕鬆，並實行民主。他向我言之鑿鑿，正是同樣的一種邏輯，讓一份擁有二十萬訂閱者的報紙，可以很好地在經濟上保持獨立，好過沒有經濟基礎的報紙許多。但同時也較後者不獨立，因為它必須要留心篩選廣告，好替讀者的皮夾把關（為了防止他個人在子夜出版社擴張中不致被隱沒，他喜歡不斷將自己置入新的戰鬥中，來貫徹這份報紙的初衷）。反過來說，米歇爾身上其中一件討人喜愛的特質，就是他永遠站在壓迫者的對立面——他宣稱自己正策劃著被壓迫者的革命，因此從不打壓別人，永遠扮演一個父親形象的反面，讓我永遠無法與他形成父子的情誼。

米歇爾住院時，我們都不知道，他再也無法活著走出醫院了。在這之前，丹尼葉參加一場與米歇爾和他的編輯的會面，在會議中，米歇爾一度忘記他其中一本書的書名，並試著蒙混過去，為了不讓在場的人擔心。這個想不起來的書名是《這不是一根菸斗》（*Ceci n'est pas une pipe*, 1973），與馬格利特（René Magritte, 1898-1967）畫作同名，其畫中也寫了一句相同的話，做為菸斗再現的其中一種形式。[22]這幅畫每次都讓我想起霍格里耶，因為這樣圖像的問題性，最常見於那些新小說的敘事理論中。丹尼葉匆忙地給出結論，讓會議趕緊結束。因為這樣的健忘，正是米歇爾已然患上愛滋的鐵證。他是在舊金山的三溫暖中染病的——他在美國受邀講學期間，經常進出這些場合，在那裡他不會被認出，感覺比在家鄉法國還來得舒服。他在法國往往因為盛名，會讓他在公眾場合立即被認出來。他的書帶給他名氣與權力，他則想方設法去抑制這些副作用，想將自己的日常生活從中區隔出來。關於他的名字，他已說得太多，但同時，也什麼都沒說。

在看過我第一部小說的手稿，並還未交到父親手上，惹出一連串前述的麻煩事之前，米歇爾就向我聊起過他在美國所發現的性自由。我回答他道，從這觀點來看，我的身體不幸地還無法接受之。針對這個小小的告白，米歇爾只說了句「那當然」或「否則那就太簡單了」之類的話，好像這些就是他的宣示，必須得捨身於更加惡劣的情況，才得以解放自己的身體一般。同一時期，霍格里耶試圖調停父親與我之間的爭執，我向霍格里耶說，這位賜與我生命的人，滿嘴清心寡欲，所以我的文字才讓他驚訝，但他的觀點根本完全不對。過些時日，當我們的關係較為穩定時，我特地與父親進行一場私密的對談，我說自己在許多地方也是

譯註

22 馬格利特是比利時超現實主義畫家，此畫名為《形象的叛逆》（*La trahison des images*, 1928-1929），畫中只有一只菸斗與下頭書寫的一排字「這不是一根菸斗」（Ceci n'est pas une pipe）。

個不折不扣的保守派。

「知道這些對我來說很重要。」他諱莫如深地回答我，看似相當滿意。

在負責子夜出版社那本期刊時，我都會在週日下午去出版社，閱讀收到的文章。我完全獨處，不受打擾。我的座位在出版社的四樓，一處約十公尺見方的空間，正是霍格里耶曾經待過的地方，在他年輕時，與父親比鄰而坐。一天，我走進房內，並在裡頭踱步，最後在皮沙發上坐定。原先在這張沙發對面，有張扶手椅，但上次父親來這時，將它搬到了房間角落。我當時還未認識米歇爾，後來才得知，他老早就知道這張沙發的魅力。它的觸感吸引著我，撫摸著它的獸皮，我的手感受到前所未有的舒適。我脫下褲子，為了讓我的大腿也能享受它的觸感。然後我將自己脫得一絲不掛，只為了讓全身都來感受它的美好，我不由擔心起有人會突然冒出來——例如父親——但隨即又確定整層都是空的，我有一小段空檔可以好好享受這沙發。我毫無窒礙地陶醉在興奮中，但僅僅陶醉了一下子，興奮感就煙消雲散了。我重新穿好衣服，對自己的行為感到羞愧，萎靡著，與剛剛興奮如花開般截然不同。從此之後，我再也不會做類似的事了。以後，若我要與別人約會，都會選擇那些隱藏在建築物地下室的「後房」，那些對大眾而言不太舒服的空間，卻是同性戀在光天化日下的活動之所（或者是在大晚上）。那米歇爾也參與其中的同性戀社群，最終幫助我認知到，這樣的生活方式既是我樂趣的來源，也是我得以避難之處，既讓我更加開放，亦保護我的隱私——我的嬉戲之地，我棲身的洞穴。

8

青少年時，父親有天當著我的面，批判起米歇爾．傅柯這個人。父親指責他，在他法蘭西公學院就任演說中，引用了貝克特的小說《無法稱呼的人》（*L'Innommable*, 1953）的內容，卻沒有提及貝克特的名字。在擬好的講稿中，這些被引用的句子都用引號括了起來，米歇爾卻沒打算要仔細說明。當時我尚未認識米歇爾，也沒有理由要替他辯護，因此完全同意父親的想法，我覺得這是做兒子的最起碼的義務，不僅是因為身為子女的情感支持，也出於我對他個人的信任。當然，這也是為了我自己好。我知道父親的批評，是出於對米歇爾不給子夜出版社出書的私怨，而並非是因為他這一項無傷大雅的錯誤。這個就是我常提起的，父親對於權力一把抓的「全能」意志，也可以說是他對於完美的苛求。

朝著能讓他開心的方向，我構思我的回應，卻不是為了拍馬屁，而是為了安慰他、鼓舞他，為了這份對米歇爾的不滿，不會真的落實下來。我回應道：「山謬．貝克特知道有米歇爾．傅柯這號人物嗎？」我覺得這話講得很好，父親的臉上卻浮顯了惱火的表情。我曾經見過他這副模樣，有時母親也會與我上面的出發點一致，當然結果也一樣。她其實只是為了表現對父親的支持，對當時父親的對手，投以非常不切實的批評，因此效果往往比沒講還糟糕，講出的恭維反被羞辱，無論裡頭包藏著多少善意。

我的弟弟有次對我說，我們的母親談起小說，認為小說如同人生，而既是人生，那麼她的人生就好像一本小說——意即會寫小說也沒什麼了不起的。而這份對母親隱喻失當的非難，我卻認為可以理解且在許多場合都會發生。若是套用到我的狀況，就像我會說貝克特不識米歇爾，而不會說貝克特只是一介文盲，但他之所以位列在這樣高的等級，是因為那些層級較低的名人讀不懂他的文字。在家中，貝克特就是某種聖人，無論我們在生活上與他如此親近，他仍然涉及到一種抽象之物，此種抽象之物存在於事物的秩序中，即使是神，也不必然知曉這些編輯與知識分子的反覆無常。但是，對父親來說，由於他與貝克特還有在效力中的合約，當他熱淚盈眶地，向我告知貝克特的死訊，並說，貝克特在生命的最後向他降下手，但對父親來說是清楚的表示，他想表達感謝。他完全不是什麼聖人，而是一位擁有非凡特質的普通人。他不但讀新聞，更遍覽當代作家的作品，他當然認得米歇爾．傅柯是誰，我之前的回答顯然愚蠢至極。

同樣，作家對我來說是受神垂青的種族。哲學家或許可以升起智性之火，但也只有作家，才能到達另外一個世界。這是我荒謬的偏見，但我希望加入他們的野心，阻止了我質疑這個團體的價值。米歇爾後來向我訴說一位二十世紀的偉大作家，也在他面前表達過同樣青少年等級的論點，同時也為了給他難看。他只能回答「是！」，並任由旁人去評斷這位作家。如此的可悲，早已喪失神的垂青，但也有權利活著與工作。過去，我所認識的作家們，對我來說都如同我的父母一般：即使我從未見過他們，但他們卻一直在那，指引著我。我對他們的作品的熟悉，超過對大多數與我年齡相仿的孩子。而做為實際存在的人，他們也常常被邀請來我家晚餐，雖然只是家庭的規格，卻是非常崇高的禮遇，他們因此從魔法中走出來。但這道魔法，不會在出了我家門後就失效了，相反地還更加強大。因為他們在工作層面上，還與父親有所連結。但對我來說，這也算是過渡到了另外一個世界。而其他的例外，也就是沒到我家晚餐的那些作家，在想像中，他們也算來過，只是成為切盤的肉，成為我家餐桌上的珍饈，被用來佐葡萄酒或被當做點心那樣。這樣的超脫現實的狀態，唯一與父親的連結，只剩下他們在地表上的有限時刻而已了。我應該要珍惜認識他們的機會，並小心不要太過依賴。我不該讓自己被注意到，應該如我原初的意願一樣，低調融入在環境裡與父親的光環裡。米歇爾·傅柯是其中一位從未來過我家晚餐的人，而子夜出版社也從未替他出過一本書。我前面語帶輕挑的回應，只是一種讓他付出應有代價的方式。

父親過世後的幾週，國家出版社公會組織了一場追悼會，由時任總統的席哈克（Jacques Chirac, 1932-）親臨致詞。身為兒子的我親自接待他，但在那當口，一位共和國衛隊（garde républicain）[23]成員朝他邁一大步，筆直立正，然後呈給他一只信封，總統默默收下，不發一語。在那一秒鐘，我像個原始人般震驚不已——我去出版社拜訪父親時，常常也有同樣的震驚。我發現他吝於對他的祕書、或對任何一個出版社的雇員，說聲「請」與「謝謝」。特別當我開始在《解放報》工作後，那裡也是如此，最高階的主管可以隨意對下屬語帶侮辱。他們與員工講話的口氣，讓我覺得恍若活在古代。父親去世的十八個月前，子夜出版社在文學獎上有了空前豐富的斬獲，許多社內的職員不辭辛苦地向父親道賀，表示為他高興，父親特意告訴我有這回事，可見他自己也為這些道賀所感動。站在文學此一絕對的基準線上看事情，並不妨礙他做為一個老闆，以及試著盡其所能地當個好老闆。這項事實讓我震驚。

在所有他所能得到的奉承中，我想父親也會驚訝於，共和國總統居然親自給了他手下的作家也從未得過的禮遇。文學史與文學市場，或許可以給予一個編輯與每位作家榮耀，而非權力。早在十年前，我看過普魯斯特與加斯東·加利瑪（Gaston Gallimard, 1881-1975）的通信[24]。信裡頭這位作家苦苦折磨著這位編輯，非難他家的加利瑪出版社拒絕出版《追憶似水年華：在斯萬家旁邊》（*Du côté de chez Swann*, 1913），卻還對《追憶似水年華》的續作表現得充滿興趣。這本普

譯註

23 法國一支直屬國家憲兵管轄，以保衛政府要員與警備重要機關的部隊。其建軍可追溯到法國王權時代，主要以保衛巴黎的王權為主，逐漸演變到現在的任務編組。

24 加斯東·加利瑪創辦的加利瑪出版社（Editions Gallimard），是法國最大的出版社，作者所說的信件應該出自普魯斯特的《書信集》（*Correspondance*, 1912-1922），書中內容就是上述兩人的信件往來。

魯斯特的書信集讓我十分喜愛，我曾借給父親看，他更是興味盎然。他將書還我時，顯得相當滿足，並對我說：「我對加斯東．加利瑪又更加佩服了。因為換做是我，我會回信給這位普魯斯特：『我去你的。』」而這就像貝克特把別人的手稿丟到垃圾孔道一樣，我驚訝歸驚訝，卻也樂得聽到此話。說得好，這是文學的勝利！但不是用這種把自己也抹黑的方式。既已知道不能將普魯斯特視為流氓或笨蛋，卻還要當史上第一個文盲，這種假寫作的純粹為名的負面情感，已經無關對錯，流於發洩情緒了。他根本不值得勞駕共和國總統前來致意！沒錯，這可能只是一句戲言而已，反正他也不可能收到普魯斯特在出版前的手稿，但這句話，當著兒子的面說，卻是最壞的示範。

米歇爾說，若我有一天必須成為一枚子夜出版社的過河卒子，被推到他面前時，起碼我這樣的編輯，不會不懂裝懂。這是當然的，因為不管哪個人，想斗膽幫他出版著作，都不會比現在出版他著作的這間更為可鄙。我在他身旁學習到另類的編輯與作者的相處關係，因為相處的這幾年，他總是與我分享他在出版業的冒險。概括來說，若人們完全相信編輯的所作所為，都是出於辛酸使命與盼望的話，我則大悲無言，沒什麼好補充的。這樣的感受是在米歇爾與我聊過之後，才得以落實。他說了自己其中一本舊作重編的往事，讓他一直耿耿於懷。他感覺自己落入圈套，因為那位編輯過度利用合約，而他什麼都無法做，也無法反抗，因為他弄丟他自己那份簽署過的合約副本，而編輯對此也心知肚明。他唯一的對應辦法，則是用以下的話表達了他的心聲：「你真是一口痰。」而我從沒聽過有人用這樣的詞彙來數落過父親，這已遠遠超出我可容許的侮辱。

在《情人》（*L'Amant*, 1984）上市後獲得空前的成功後，莒哈絲與父親吵了一架。我一位報社的同事，在她下一本書出版時前去採訪，並且後來轉述與我，小心翼翼地，讓我不要有被羞辱的感覺，以下是莒哈絲一口氣倒出的，對父親的不滿：

「她說你父親就是個賊。」我這位同事姊妹這麼說。

「她在這時盯著我的手看，『你有只漂亮的戒指，我猜不便宜吧？』她說。」

「『妳還沒見過傑洛·藍東？那妳得小心了！』」

用這樣對父親的描述，影射他為扒手——他會趁同事不知不覺時偷走她的戒指，再拿去私販那裡騙取高價售出，更糟糕的是他居然還被預想沒有自己的銷贓管道，這不僅沒有冒犯我，反倒令我發笑。我感到遺憾的是，這些話都沒有出現在那篇文章中，裡頭僅僅只有對父親有利的內容。他在這件事上到底是多狡猾，才不至於被人發現他的底細？他對我而言，曾是忠實的化身。然而被喊做賊，扣除掉裡頭的玩笑成分，就是對他最大的指責，而我已準備好要接受了。在我更年輕之時，父親對我說，根據他豐富的經驗，我們必須好好做人，因為這是最為方便的法門。而我對於他的能力信心滿滿，因為後來我才徹底明白，占人便宜以及圖「方便」，才是他做人的原則。

既已理解父親真正有興趣的事，以及父親所處的職位的因素，就能更加理解他對米歇爾的恨意與忌妒。但我卻更加無法理解我自己，因為我覺得全世界似乎都應該帶著感謝，接納擁有這樣價值的一個人。我認為，米歇爾若有知，應該也會如維克多．雨果（Victor Hugo, 1802-1885）筆下的文字：

> 我震驚於成了遭恨的對象／承受這麼多的痛苦以及這麼多的負荷。

我不認為他會為此震驚，但我會，震驚並且憤怒。米歇爾獻身於自己的事業，同時也是位舉世聞名的作者，並形成一種符碼，我捍衛他的名聲，完全與我私人對他的愛無關。他是下個世代的貝克特，而我與米歇爾的親近，也如同父親與貝克特的翻版。「米歇爾是否僅僅擔心『那樣一個』（Untel），抑或是某人（Untel）[25]？」現在我帶著過來人的心態來回答此一問題，而不幸地，答案是「對」，但真正有價值的事物，是不會一直處在價值真空狀態的。反過來說，就好像對父親，我討厭替他辯護，因為如果連他自身的表現，都不足以替自己辯護的話，我的幫助、我的說服、我的讚美、我對他的愛，都只是貧弱的辯解而已。

我腦內老是盤旋著一句話：「金錢的慷慨是最微末的慷慨。」金錢當然是編輯與作者間其中一條紐帶。但父親想對那些由子夜出版社編輯的案子中，都抽一個象徵性的提成，抽成在他的出版社，應該要排在第二位。他每出一本書都要與作者起衝突，因此樂意把作者的版稅提得越高越好。但是這並非構成為他們關係中的第一要素。作家不應該太早就開始錙銖必較——這可能不是事實，但這就是我的所見所聞。金錢帶來權力，也帶來新的棘手問題。

——譯註——

25 這裡作者用了一個雙關，既指前一章提到的團體「那樣一個」，也就其字面上的意思，來指某一個人。

那些年，當向國外打越洋電話，好像仍然是世上開銷最大的事時，我前往沃日拉爾路那，在泰瑞生日那天，打電話給他。他本人當天在菲律賓馬尼拉，正在他的環遊世界旅途中，當時已經結束前述的澳洲之行。而米歇爾對我說，沒問題，可以在他家打電話給泰瑞。我在客氣推辭之後接受了，這一天，我和泰瑞講了整整四十五分鐘的電話。我沒有絲毫顧慮，因為如果我這麼簡單，就接受在沃日拉爾路那借電話，就顯得我在來之前，早就做好這個占便宜的打算了。當然我會把錢還給米歇爾，在確認這通電話的花費後，從我的銀行戶頭直接匯給他。而銀行明細時常占據著公寓辦公桌的大部分位置，對他不是個問題。我帶著同樣的自負、愚蠢的考究，如同《追憶似水年華》書中那些老大媽們的行動，總以一種難以理解的方式來感謝斯萬先生。艾維經常被父親的吝嗇所激怒，有時也遷怒於我，讓我不禁懷疑米歇爾也做如此想。然而在幾個星期之後，與阿蘭．霍格里耶一同午餐（這位米歇爾的老友從未與我們一起分食迷幻藥），我向他講起這件事：

「啊。」他回答我，「但是我通常不會再向米歇爾說這件事。」

「通常。」我回答但是我僅僅只抱著希望，突然意識到自己對米歇爾小氣的臆測無疑是誤解，也對自己的試探感到羞恥。

稍晚，艾維提議，我倆一起邀請米歇爾到某家餐廳晚餐，到了買單的時候，艾維抽出一張信用卡付了所有的帳。米歇爾向他道謝，而我停在那，像個白癡。米歇爾私下在下一次晚餐時，悄悄還了艾維上次半數的開銷，他從容地用行動回答了我早先的誤解。我對金錢其實與米歇爾一樣，有著過分的講究，也就是與我的人際關係一樣，有著天生的匱乏，好像錢是從外星球來的一樣，向我請求最好的降落導引，讓它完美降落。但我總是笨拙不已，打著導引的信號，卻畏畏縮縮，不敢把動作做得太大。父親死後，他的遺產開始備受關注，我開始認識到他對金錢的觀念——一個負責審計的人來評估子夜出版社的市值，皮笑肉不笑地宣布，由於建築物產權被處理得很好，也因此成為問題，萬一有需要，也無法售出而產生收益。而我馬上想到，若父親聽到這樣的講法，恐怕會很開心——使出版社與他個人的收益斷開。他想要保留這棟建物，若有危機，這將是最後的避難所。他寧可散盡家財，也要保持出版社的獨立完好。子夜出版社對他來說是無價之寶，但並非指財務上的無價，因為他從未想過要將之賣出，雖然他的離世也將其中一部分轉變成了真金白銀給我。

從尚·埃舍諾執筆的傳記《傑洛·藍東》中，我得以知道，當尚·胡歐（Jean

Rouaud, 1952-）的《榮譽之地》（*Les Champs d'honneur*, 1990）獲得龔固爾獎時，父親揭注了一筆獎金給「一定數目的麾下作者們」，因為「這份出版社的成功，在他的眼中看來，如果沒有我們的參與，尚不算完備」。當換埃舍諾拿到龔固爾獎時，他也更新了稿費支票上的金額。而我悔於沒有在父親仍在世時，多認識他些，因為他的做法絕對十分明智。一個出版社若揭注更多資金在其職員，多過在作者上的話，會讓我驚訝其經營方針的謬誤。雖然這常見於很多公司，不論公司的規模大小，靠薪水生活的雇員，絕對多過靠版稅過活的作者。

就如同我之前對米歇爾說的，我不喜歡談論我寫的東西，因為我害怕如果我這麼做了，之後可能就再也寫不出來了。源自一個從我家族創始就有的迷信——有過幾次，子夜出版社宣告某位作者的作品即將上市，最終卻沒有實現——他也覺得這樣的感覺似曾相識。每次丹尼葉提起自己未來的研究工作時，米歇爾都會無法克制地，流露出一種難以忍受的表情，因為這樣的宣告讓他害怕，擔心這本書將永遠也寫不出來。但接下來讓他更加苦惱的，是當他將這個迷信的想法說出口時，丹尼葉可能會將米歇爾的這份恐慌，錯解成一種審核，是在否決他這些剛剛成形的想法。而米歇爾這種過度的講究，又將我帶回與他金錢的關係中。因為與現實不相符地，他總是與不太慷慨的評價掛勾。而缺少慷慨，對米歇爾來說，即是缺少智慧，他絕對有理由感到驚訝，自己的一世英名竟栽在這裡。

潛移默化之中，我自童年起就鍛鍊出一種本領，並陪伴了我一輩子，那便是在茫茫書海中辨識出那顆子夜出版社的星星標誌的能力，無論是從書架上的書背中認出，還是在地鐵或火車上，光瞥一眼兩旁乘客手中書的排版，就能辨認出來。如果我未曾對出版社的成功有過一絲一毫的功勞，那麼我與出版社的連結，也就僅止於上面所述的這一點了。突然之間，我對「傅柯」這兩個字也有了同樣的敏銳，直到今日，這個名字仍會從文章中、或是堆滿陌生書本的書架上跳出來，好像我之所以生下來，就是要鍛鍊自己學會發現它一般。每每看到他的名字，就治癒了我的某個部分。貝克特本人之所以能位居文學神壇如此多年，正是因為他見多識廣，不但聽過這位作家的名號，更對掛有他名號的作品瞭若指掌。他若不識得米歇爾，就枉費他這麼多年來都隨侍在詹姆斯·喬伊斯（James Joyce, 1882-1941）左右了。若真落得如此境地，貝克特豈不是連我都不如？

9

一晚，在一家出版社的雞尾酒會上，我撞見父親與一名現任的部長在對話。為了不打斷這位貴客的話頭，父親假裝沒看到我，直到那名部長認出了我，並自己中斷了對話。對部長來說，怎能隨便忽視記者呢，更何況這名記者還是眼前這名總編輯的公子？即便如此，我還是會訝異於父親為何這樣誇張地對政治人物畢恭畢敬。但我猜測，他或許反而覺得那些政治人物是在恭維他。但無疑地，他將自己的興趣，或者說是出版社與文學的事業，擺在第一位，重要到可以將我從他視線中完全抹去，這只意味著一種高下立判的統馭關係，在這層關係之上，他可以肆意地展現這種目中無人的粗暴。因為人們越知道他兒子能夠獨立自主，就越能證明他的教育成功，更好遂行他的統馭。我也許該抵抗，但我厭惡衝突，因為我會像著魔般，堅持到衝突的最後，就像父親一樣。因此我寧願不生事端，事不關己成為我的一種策略，波瀾不驚。我只在必要時才做選擇。

弟弟向我講述，有天他問了父親他與母親之間的關係，父親如此回答：「我的婚姻生活不干你的事。」弟弟不甘示弱地回道：「你的伴侶，可是我的家人！」——換做是我，才不敢問出這樣的問題：父親對母親做何想法，真的不干我的事，我一點兒也不想知道。我的一位友人，私底下其實迷戀著男孩，當他在家時，都只能在兒子眼皮子底下偷溜出去，但兒子最終還是發現了，而且給事情的真相重重地打擊到了。他有天對我提起這事，情緒幾乎到了崩潰邊緣：「他到底是流著誰的血？我覺得他想支配我的個人生活。」如果我那天不知好歹地，打斷了父親與那位部長的談話，只為了向他說聲晚安，肯定會激怒他，會被視為對他個人生活的損害，一種毫無道理的侵入，而與他對話那人的位高權重，顯示了他對嚴肅生意的關注。貝克特有天提起，喬伊斯曾向他談過一些人生見解，諸如：「沒有什麼事情，比家庭更重要了。」在那個場合，以一種保持距離的口吻，乍聽之下，我們或許應該立即生起氣來，起身反對這位著有《尤里西斯》（*Ulysses*, 1922）的大作家的說法才對。因為我的父親，雖無法匹敵寫出這麼多優秀作品的喬伊斯，但在家庭的觀點上，卻是誰也不怕，明顯不苟同這位文學大師對家庭的重視。但父親卻又在人生的最後幾年迷途知返，想要回頭照顧家庭，無奈為時已晚。

話說回來，父親能夠應付一名部長，著實不簡單，幾年之前，米歇爾也與同一位部長在他的辦公室會面。後來米歇爾帶著微笑說：「這位部長肯定很想擺出一副與白癡交談的架式，但在部長辦公室裡，他倒也不敢造次。」

再更早幾年，我曾隨著這名米歇爾眼中愚蠢至極的部長，同行還有兩、三個記者，一同到德國進行簡單的參訪，部長將要發表演說，然後當天下午就折返。父親相當滿意我的社會地位，為我終於參與到部長級的隨行採訪團，感到開心不已。而我也開心於當個可惡的無賴，在那架法國政府公派的軍機的廁所內，狠狠吸了幾線的海洛因，讓那些阿兵哥因此把飛機的清理人員給撤換掉。我回來之後，米歇爾把我臭罵了一頓，認為再怎樣有反叛的意識，也不該在這趟旅程時幹出這種缺德事（我後來沒有再犯）：「身為一名記者，必須按規矩來。但身為一位作家，則不用。」我才剛剛出版自己第一本小說，但我還沒將自己視為一名作家。如果這本小說挑起我與父親間的衝突，那麼我的第二本書肯定會重蹈覆轍。我想一了百了地從既定的父子關係中抽身，這層關係只會讓父親的支配更加壯大，身旁也沒有其他人（老實說，還是有一些）能站在我的立場幫忙對抗。從此以後我倆不再有爭端了，因為他想征服的，我已通通放棄。放棄所有，只為了在更符合我胃口的地方立足，但不幸地，經歷過這些，我的內心早已封閉，無法從人與人的羈絆中獲得幸福感。

父親一直有野心，想將米歇爾納入麾下，並且估量我與米歇爾的友誼可以讓事情更加順利。我似乎應該樂觀其成。米歇爾有一回來子夜出版社，在看過且非常喜歡弟弟的動畫作品後，與父親見面。父親之所以提議這場會面，是想說服米歇爾將一部作品交給他出版，但在這點上米歇爾堅決與我不同調。他說父親基於之前對付艾維與弟弟的經驗，總結出一套理論方法來說服他，但那些說辭在米歇爾聽來，根本全然錯誤，父親卻仍渾然無知。這些說辭甚至聽來更像是悔恨，讓人感覺更像是他素來的行事風格，而非對於過往衝突的解釋。成為作家後，我越來越遠離父親，越來越向米歇爾靠攏。我的想法是，父親對於我的事業一直持保留意見，這是因為我，既身為他的兒子，又身為一名作家，本身就不適合他再多加置喙。在他看來，米歇爾若能幫助我理解這份事業，毋寧是個好主意，至少是可以接受的主意，即便父親沒有明確地表示過。事實上，若從一開始我就把手稿交給其他出版社的話，就不會有後面的紛擾了。但父親當時讓我覺得，他手上的幾本書都獲得相當高的評價，我因此相信他的文學判準。但無論他手下的小說，或者人文科學著作，究竟是實際上非常了不起，或只是被不明所以的人瞎追捧，只要一朝獲得意想不到的成功，他便會宣告這是大家的錯愛，好像文學、社會學或哲學的純粹，會被自身在商業上的成功給背叛一樣。即便商業上的成功，讓這些作品得以褪去足不點地的菁英主義色彩，都不足以做為論斷作品好壞的標準，而是只有他本人的認可才算。而我當時還天真地以為，只有作者本人才能決定作品的價值。

我第一本小說的主題，是一名父親讓他的孩子去賣淫，孩子聽從父親的指示，並視做恩惠。這意味著性愛是他們的魔咒，如果孩子是被要求去補父親的襪子，那麼無論在怎樣的條件下，都不會是愉悅的活動。父親利用起我來，就如小說所述，一點顧忌也沒有——我的那幾乎不存在的抵抗，根本無法阻止他——某方面，出於我任人宰割的愚蠢，我的小說反倒在他的索求無度下，實踐了生殖的功能，遠遠超過我身上那沒可能達成任何生殖目標的器官。在我對家庭的想像中，父親應該要無私地幫助兒子，但我的父親，除了給予我名字以外，卻藉口於為了我好，用一種為了我著想的低調，來介入我的人生，讓我再也無法對他有絲毫的尊敬。甚至，我不禁想著，他手上會不會還扣著一張王牌，以應付緊急情況——一種另類的武器，有朝一日出其不意地使出來，用來打消我的念頭。這張王牌，就是所謂「互相」的概念，一思及這個，我便感到相當不公平，這只是另一種形式的詐騙，是用來控制我日常生活的一種手段，打消我對抗他的策略，愚弄我所秉持的理性思維。他把我想成他的另一個分身，樂於玷汙他所主張的慷慨，這樣的背景，無意間使得米歇爾的作為更加了不起。只能以假名說故事的我，活像個遊魂，在多年之後，遊蕩在自己的第一本小說上，而父親卻希望我能以同樣條件續簽第二本：父親在我出生時，親手給了我名字，然後又親手將之奪走，我驚訝於他為何不能貫徹始終。而那個假名，卻是由米歇爾親手賜予我的，因此，我後悔於沒有繼續在接下來的書採用，但這樣卻正好遂了父親的意願。這樣的主張與這樣糟糕的理由，讓我決心義無反顧地離開他——既然他只為自己與家庭的名聲打算，那我便只為自己。

如果換做米歇爾身處在與那位部長對話，我相信米歇爾肯定會反過來，對部長擺架子，並立刻向我打招呼。他衡量人的標準只憑喜好，而非身分貴賤。事實上，我也相信父親對這名部長的態度只是裝出來的，不過是順著這位政客的話頭，假意贊同他的意見，提出分析與解決之道，只為了讓他對自己有用。他不喜歡部長的人，卻喜歡他的用處。不喜歡他的為人，卻可以與他一起工作。他也是第一位將作家——特別是找他出版過的作家——放在比政客更高的位置，並將自己置於兩者之間，既當自己是麾下作家的發言人，又將自己視為是權力的擘畫者，操弄這些世俗之事，以免弄髒作家的手。在他看來，並非小說家的米歇爾，不需要由誰來教他在權力關係中的位置。我則是因為從事媒體業，懂得遊走在權力遊戲之間，並給政客一種既不牽涉到利害關係，也不由衷的尊敬，僅僅只是為了彼此工作上的方便。但在我必須與這位知名的部長寒暄時，基於我的害羞，一時竟想不到有什麼話好說。由於看到他的膚色曬成古銅色，我於是說：「您的膚色真好看。」[26]話才出口，我就後悔了，但已然太遲，因為話中的第二層意思並沒有替這句話加分。

但出乎預料地，他竟回答我：「你知道，我都忙於工作，哪有空好好做日光浴呢！」

這段寒暄並沒有拉近我與部長的關係，但我因此得以百分之百確定，我就是父親的兒子：我的世界就是屬於書本與作者的，而非政治的。

我在《新觀察家週刊》的首次長篇報導，是那次在伊埃爾停留一週，採訪前衛電影節，或者說「另類」電影的報導。我既興奮於這樣新鮮的形式，也恐懼於必須要獨自面對那麼多的未知，我的人生也才剛剛遇見米歇爾、傑哈爾與艾維，還沒有達到對人際關係非常熟練的程度。幸運的是，在電影節的評審團中，同時有霍格里耶與莒哈絲，讓我感覺熟悉與安全。當時我尚未意識到自己的特殊性，這減少了我的羞澀，但若我早知道與會者都是這些熟人的話，也許反而會更加羞澀。霍格里耶喜歡調侃群眾，也樂意調侃我，我之所以感受到，是因為他藉著一段講演中的用辭，悄悄刺了我一下，顯現了猶有餘裕的親暱。我感受到他很愛我，當然，有時還在幽默之中帶著敬重，他是天生的分享者。貝爾納・畢佛（Bernard Pivot, 1935-）在報導總統德斯坦（Valéry Giscard d'Estaing, 1926-）相關新聞時，透露總統私下很想成為當代的福樓拜或莫泊桑（Guy de Maupassant, 1850-1893），我興致缺缺地說，若他是福樓拜，我們就會驚奇地看到他同時簽名在《包法利夫人》上與《法國式民主》（*Démocratie française*, 1976）兩本書上（後者是總統稍早出版的書）。霍格里耶回答：「但如果他是福樓拜，也許就寫

——譯註——

26 原文為「Vous avez bonne mine.」，字面上的意思是誇讚某人膚色或氣色很好，但第二層意思，則是反諷人家神情滑稽。

不出《包法利夫人》了。」而我偷偷品嘗他的諷刺，早就想當作家的我，感覺這個諷刺實在無復以加地精準。在伊埃爾，他向我引薦了許多人物，說這是我第一次離家這麼遠，說我活到這麼大，都把時間花在閱讀了。我不知道如何從這些視線中逃走，但這就是我的其中一項人格特質。米歇爾也取笑我，當他說起一名我從沒聽說過的作者時，我表現得如同發現一隻稀有品種的鳥似的。對於文學，我並非恃才傲物，我旺盛的文學食欲，只求能圖自己開心，從沒想過要靠這份喜好吃飯，這樣的灑脫，卻也贏得了一些尊敬。然而在面對稱讚，我也會扭捏作態：不要誇我曾做了這些，或者知道那些，我只會忙不迭地否認。在伊埃爾，我與眾多同好打成一片，這個星期帶給我純粹的歡樂，讓我成了一名現實的逃犯。

艾維去世後，他的傳記問世了。在讀傳記時，我無意間找到一段敘述，是傳記作者詢問父親對艾維的想法時，他回答：「我總是對馬修的朋友抱著敬意。」讀到這句話時，我頓時感到無比荒謬，進而否定這本書——這肯定是作者杜撰，他想說讓這句話從父親的嘴巴中說出來，肯定是合情合理，恍若他真的曾經對艾維表達過想法。這幾年間，這名作者居然還出版了七本書。但艾維已死，無法親自讀到這些鬼扯，他與父親也永無和解的可能，父親更從未為那些傳記作者（我則被這些杜撰的意見玷汙眼睛），提出他對文學作者的看法。這些扭曲現實的文字，對我來說，似乎是命中註定的。我無論如何都會為此煩惱，因為這些事情對我意義重大。我的第一場同性戀的冒險，因為薇樂莉的關係，變得簡單許多，我得以在她的情人間選擇。同樣地，父親透過我，也更容易接觸到我的朋友們。

艾維經由我的中介，也為了我負責的那本期刊，前來子夜出版社拜訪，父親亦前來關心。艾維首次將自己書的手稿交付予我，為了不讓我難做人，最終勉為其難地，接受了以《影像鬼魂》（*L'Image fantôme*, 1981）當書名。但是幾個月之前，父親聯絡我，希望我能替他親自傳遞善意，因為貝克特讀過一篇艾維的期刊文章，而貝克特覺得他相當傑出（文章名為〈愛情的穿刺傷〉〔La Piqûre d'amour〕）。世上除了貝克特的誇讚，再也沒有什麼誇讚能讓父親動心，因此我同時進行自己份內的工作——出版社文字編輯，以及作者的好友。

父親死後，麾下曾經最受他喜愛的作者，向我解釋他在簽人生中的第一份合約時，內容連看都沒看。他生怕若做了其他的舉動，會失去父親對他的敬意。於是乎父親的專業，就體現在用一份合約，就綁住了這名作者接下來的五本書。

這也是他想讓艾維就範的條件。艾維第一本書就涉及了幾種完全不同的文類（散文、小說、敘事、攝影集），原該簽一份特別量身打造的合約，但最後反倒變成艾維欠了出版社好幾本書，數量多到誇張，他因此向父親發怒，而父親文風不動，只叫他滾。我也不能倖免，在我的第二本小說要問世時，也發生了不少故事，從而使我下定決心，要將小說拿到其他出版社出版——從這本起的其他作品，都終於得到明理之人的認可，也使我與父親的關係得以回溫。從此之後我就不太去打擾他了，但經過一段時間，他還是回頭向我要一本書來出版，為了能夠平和地結束我倆此階段的關係。但我寧可毀約，也不願繼續，因他不過是為了要保留其他可能性，這份合約將成為接下來的勒索依據。如同發生在艾維身上的狀況。父親對艾維的不信任，引發我的懷疑。我不知道，若父親在自己可以接受的範圍內，給予這位作者更多的敬意的話，這位作者也不至於向我抱怨，自己的這本小說對父親來講彷彿一文不值。但我相信父親還是會如實付錢的。如果父親對付款有所躊躇，那也是因為作家顯露了自己只愛錢的惡質興趣——完全的反文學，讓他不得不擺出在金錢上難以商量的嘴臉。

我認為，能夠感動艾維的事物，也同時會感動米歇爾。只因米歇爾從我與艾維認識的第一天起，就是我倆最大的情誼橋梁。因此，正如那段杜撰的傳記所言，若父親理所當然要尊敬我的朋友，那麼他不僅要尊敬米歐爾，也得尊敬我們之間那段，他完全無法參與的關係。他不但要感受這份事實，更該協助我一同維繫之——正是因為這份關係，艾維在歷經與父親的不愉快後，還能維持與我的友誼。我老早就打造好我的洞穴了，憑藉自己的情感過活，毋需背叛任何人。從米歐爾開始，父親不再干預我會與誰混在一塊，但如果他這麼做了，就會舊事重演，如同當年他對他的父母發脾氣那樣。也因此我從小都不能隨時去見祖父母。在這些年裡，因為米歐爾，父親反過來想與我更為靠近，因為說到底，我還算是個編輯，還是能夠幫到他的事業，只是與他的行事風格截然不同而已。他的如意算盤打得挺響，也掂過自己的斤兩，卻從來沒考慮過這事帶給我的壓力。「他太過分了！」有次父親在評論米歐爾後這麼總結，當時我與米歐爾幾乎每小時通一次電話，為了解決我與自己的家族出版事業，因前兩部小說手稿版權產生的糾葛。這就是打壞父親大計的代價，他總是夸夸其談，說文學的目標是永久的，但解決之道永遠都在我們腦袋瓜裡。但碰到米歐爾，他卻一點兒也不敢誇口，那些年來，這種談論願景的空話，父親一個字都不敢向他提——這是因為米歐爾的高貴及智慧，以及他的廣受尊崇，更因為不敢得罪米歇爾那被權力關係研究工作，打磨得相當銳利的意識。

那些年・Ces années-ci

某天，我與米歇爾聊起拿破崙，以及他曾經挑起的殺戮。米歇爾被我缺乏歷史概念的發言給逗樂了。但我說，無論如何，所有相關的人物如今都死了。回過頭來，就算沒有愛滋病與癌症，米歇爾與父親或許也無法活到今日。他們的時代已然逝去，而其他人風華正茂。

我當時回答米歇爾，我支持拿破崙的士兵。因為我只看到輿論假惺惺地與受害者站在一起，義正詞嚴，表達明確的、但實際上沒必要的正向情感。所謂團結，並非如此。這讓我回想貝納爾多的機智之言。在米歇爾死後的七年半，艾維也隨他而去之後，我們細數愛滋病的受害者們，他向我說，我也算是其中一位。在我看來，這樣想是卑劣的：所謂愛滋病的受害者，是那些病人，是死者，而非深愛他們的人。我若為了賺取同情，而去僭越這樣的稱呼，那麼恐怕就得要如同拿破崙那般，才有資格。這個結論是由我所受到的教育所致，而這或許得歸功於父親，只是其中的信念與憐憫心，則是從米歇爾那裡所獲得的。

作家的身分也是一樣，不容僭越。我就是如其所是，自己私下定義就夠了，並不需要在書寫之前，透過談話去告訴別人，我到底是什麼。人們希望通過談話來理解我，而這正是書寫這個事業首先要反對的。有一次米歇爾對我說，艾維與我完全相反，他靠書寫來確認自我，否則很可能會自我毀滅，他既不視這份事業為神聖不可侵犯的，也不認為這是他人生唯一的可能。不久後，我為艾維的話震驚不已——他說自己若不寫作，有可能會發瘋，甚至會去殺了某人也不一定。我呢，若不能寫作，或許也會發瘋，但若我還沒瘋，我也絕計不會說出自己瘋了——在寫作時，我就是個瘋子。

一天在報社，我收到一本名不見經傳、卻挺厚重的書，但其內容結構十分簡單。裡頭講述一些模稜兩可的寓言故事。但就憑其標題《納斯雷丁大師高尚的話語與蠢事》（*Sublimes paroles et idioties de Nasr Eddin Hodja*, 2002）就已深深吸引我。因此滿心歡喜地讀了，並時有驚喜。這其實是本非常古老的軼事集，圍繞著一名穆斯林世界的傳奇人物，令我想起了猶太歷史。如果還有機會，我想把這本書借給父親，並有信心一定能讓他開懷。在這本厚重的書中，我最喜歡的莫過於〈我教導的精髓〉（L'essence de mon enseignement）這篇。故事的主角是個狡黠的混蛋，名喚那瑟艾但，粗魯無禮、卻又十分可愛。有天他正在給年輕學生上課，其中一人的父親，給他帶來一盤果仁蜜餅。過了一會兒，那瑟艾但得離開教室，他擔心學生會偷吃蜜餅，便警告他們最好離蜜餅遠一點，因為裡頭被下了劇毒。但他前腳才剛離開，蜜餅就被吃得一片不剩了。那瑟艾但回來時，教室裡正上演著一齣悲苦的劇碼：果仁蜜餅一塊也不剩，他的瓷墨水瓶摔得粉碎，學生則痛苦地在地上蜷曲著。他把學生罵了一頓，直到他們回答：

「噢，老師！」其中一位學生從痛苦的喘息中，蹦出一句話，「別罵我們了，我們因為打碎了您的墨水瓶，實在太過羞愧了，於是決定吃下有毒的蜜餅，以死謝罪。」

「啊！都站起來吧，親愛的孩子們。我要恭喜你們都領略了我教導中的精髓。」

我遇見寇宏坦的那晚，是在二〇〇四年末，過程真是美妙至極，我先是在酒吧遇見他，接著我帶他回家，我倆度過了美妙的一晚。這一晚，我們一秒都捨不得闔眼。我已好多年沒有這種感覺了，我們沉醉在愛河中，不停地聊天。有趣的是，我們居然還聊到了「精神分析」。我說我不熟悉這個領域，而對於這個主題，我唯一真切知道的是，我有一位朋友，他有成堆的理由，告誡我們千萬不要與一名搞分析的男孩談戀愛。

「我現在正在分析喔。」他帶著笑意說。而我也回他一笑，並抱緊他，因為顯然這一點也不重要，僅僅一道處世原則，根本不足以抗衡實際狀況。提出此原則的朋友，就是米歇爾。雖然拿他與那瑟艾但的所作所為相比，根本有失公平，但我仍忠實遵奉，那連他自己都沒按著做、也不遵奉的教導——好一個米歇爾「教導的精髓」。寇宏坦也笑了。

在認識米歇爾前，一次偶然的機會，讓我想接受精神分析。但我對醫師不太滿意，便把他打發了。在跟米歇爾說起這段經歷時，我補充說明過大的開支也是我想打退堂鼓的原因之一，而米歇爾也同意，這的確是個放棄的好理由。而我又繼續說，讓自己下定決心去接受精神分析，需要勇氣，但我沒料到，要將之回掉，也需要鼓起同樣大的勇氣。我之後遇到的每一位精神科醫生，都勸我不要再繼續治療了，因為我其實並不需要，而每次都讓我機靈地矇混過關。況且父親當時仍在世，我也無法不去治療。衡量我的狀況，貝納爾多介紹我一名女精神分析師，而她讓我很滿意。她也向我保證，治療雖非必要，但只要我想見她，她隨時歡迎我。第二次約診後的一個星期，我卻在《世界報》上看到她去世的訃聞。我接到她的死訊時，彷彿在治療時浮現的預感，但既不虛無縹緲，亦不模糊。她個人的生平介紹，彷彿在分析時的人格特質闡述，好像煞有介事般。只是這個預感太過龐大，大得如同一具屍體般，混雜著迷信、科學與魔法——夠了！我再也不要精神分析了。

有段時間，我身邊的朋友一個接著一個死亡，恍如傳染病一般。她若仍在世，肯定會對這樣的看法，做出闡釋。然而沒有哪一位朋友的死亡，能獲得父親辭世時那樣的注目與名聲。有段時期，我因自身所受到的詛咒而悲慟不已，如同悲劇中的米達王（Roi Midas）[1]一般，所有我接觸過的事物，都會死亡，以這樣詛咒之力為代價，我才能在命運的殺戮中存活下來。這樣的感受在我祖父過世時，達到了頂峰，雖然他的死亡並不令人震驚。祖父已經很老了，他的癌症病痛也隨著死亡而終歇。但他才去世沒幾週，艾維就緊接著離世，更遺憾的是，他所期待的死亡以及最後的遺願，都沒有從他臨終嚇人的外貌上實現。每個月都得去墓園，替我的親友故舊送終，對我的傷害極大。這可不是我想要的人生。還好，我在此時認識了哈席德。我當時已經瀕臨瘋狂了，我甚至妄想他能陪我一起去喪禮。但基於好幾個理由，這不太可能：例如，他正好回摩洛哥了，這就已經夠充分了。此外因為他是個男人，又是個摩洛哥人，比我整整小了十五歲。我的表親都各自帶著伴侶前來，但我不能帶著哈席德，這讓我憤懣。卻忍住沒表現出來，僅只在心裡翻湧。我想若是哈席德真的去了，他們會以怎樣怪異的眼神看我倆？不是去想為什麼哈席德可以出現在這，而是我的父親，他不用特別表露出個人觀感，僅僅只是自己的兒子給別人留下了不佳的印象，他就可以像個嚴厲的裁判，指責我別去引發這些早在事前就能預料到的反應。

父親死後幾年，我思量著，米歇爾去世後流逝的時間，總有一天將會多過他在世時與我相處的時光。這樣的想法經常浮現，我想著，這一天終將到來。艾維去世的當頭，這個期限也就到了。而艾維的期限，他離世後的日子，超過我倆相處的一刻，也逐漸接近了。那麼父親的期限呢，顯然不會太早發生（也許有一天，等我百歲時）。在米歇爾身邊度過的六年，就比例而言，因為時光推移，占有我人生時光的比例會越來越小，卻在我最真摯的想像力中逐漸增加其分量。年復一年，就像逐次往鍋裡添加番茄與韭蔥，以數學的角度來說，先加什麼、後加什麼，毫無區別。但思量著這些增加的時間，總能使我欣慰。

譯註

1 希臘神話中的人物，觸摸到的事物皆會化為黃金。

與寇宏坦的初夜，我旁敲側擊地探究他的背景。他說自己正在準備高等師範學院（Ecole normale supérieure）哲學系的入學考。我於是問他懂不懂當代哲學（對我來說是當代，然而米歇爾已經死去二十年了）。他說不太清楚，但對傅柯有些了解，閱讀他的作品真能讓人發瘋[2]。我越來越喜歡這男孩了，我被他年輕的率真所打動。我問他幾歲，他起初回答得很含糊，卻從他說的生日，便得以確定他的年紀，因為他說自己出生在米歇爾死後不久。我飛快一算，他與我年紀的差距，與我和米歇爾的差距幾乎一致。

還在世的米歇爾影響我最深的一點，即是我冀望當我到達他那個年紀時，會有一個如我當年同樣歲數的人來愛我，而我也會以同樣的決心來回應他的愛。但在當時，這僅只是個幻想，投射在如此遙遠的未來，從來沒有期待過有天會成真。這也是種我從與米歇爾的關係中，得到滿足的辦法——讓我沉溺在他的人格特質中，一種精神上的自瀆。然而當我確認我與寇宏坦的確切年齡差距時，完全沒有讓我想起米歇爾與我的關係：對未來的揣測太多，而實現的可能性太小。在我能確認自己在他心中的地位前，就只能在此處逗留。我將自己與米歇爾的關係套在他身上，僅僅只是巧合罷了，根本微不足道，我無法藉此構思我倆的未來。

與他，僅只於這一個難忘的夜而已。當然已足以讓我浮想聯翩。讓我隱隱掛念的，莫過於年紀上的差異，卻非什麼不好之事，毋需擔憂。我對這段關係有信心，我知道行得通。這就是我從米歇爾那學來的其中一課，或者說，從我與米歇爾間的關係中所學到的。而這份關係來得太過自然，必須要用書寫的方式，保持一段距離，為了讓我能做另類思考。

在我與寇宏坦的相遇一年後，他與我一起去國外共度一週的假期。隔天早晨，我起床如廁，以釋放累積一晚的尿，然後下一刻，我就感覺自己倒在廁所的地板上了。打從青少年時期，我就有低血壓的症頭，常常讓我昏厥，但某些情況下我並不擔心，我乾脆就多睡一會兒。過了幾分鐘後，我仍然沒有好轉。接著寇宏坦睡眼惺忪地走了過來，我告訴他自己發生了什麼事，並要他趕緊帶我去用早餐，便能幫助我恢復一點力氣。但在吃早餐時，我仍然感覺不適。他將我帶回房間，飯店的醫生很快便趕到了。在知道我的名字後，醫生問我是否是某人的家屬。但他不是問父親的，而是那位著名演員的。我通常都會隱瞞這類的問題，但

譯註

2 暗指傅柯早年的名著《古典時期瘋狂史》（*Histoire de la folie à l'âge classique*, 1961）。

這次我卻明確地回答——沒錯，文森．藍東就是我的親堂弟[3]。我應該要擔心，但也努力相信人們會好好照料我。然後我的血壓恢復正常了，我卻又陷入昏厥，還伴隨著強烈的痙攣。醫生馬上將我轉移到附近的診所。路程很糟糕，我不確定自己是否一直處於失去意識的狀態，據寇宏坦說，我可以說是毫無知覺——凍僵且毫無知覺，但我還是一派氣定神閒，即便只有短暫的恢復意識，也足夠讓我改變部分的遺囑內容。我遇到寇宏坦之後，便給了他我手機的密碼，若有萬一，他便能打給哈席德與傑哈爾。他後來說，自己當時正處在怎樣的焦慮中。但我當時卻渾然不知他正面臨著什麼。然而只要他在場，就能讓我安心。這和我與米歇爾在那最後一次迷幻藥趴中的關係正好相反。

在診所裡，若我能活著就算是個奇蹟的話，接下來一個簡單的手術將不是問題，順利的話，二十四小時後，也就是隔天早晨，我就算度過危險期了。後來在恢復室待了一整天，我回到飯店的房間。我立刻打電話給哈席德。自我遇見他起，他就住在摩洛哥，我們因此每天通電話。一開始，我擔心這樣的行為會給他太大壓力，但有次他說，若有一朝，在馬拉喀什（Marrakech）的他，沒接到我的每日問候，他肯定會有所動作的。這次是特例，我從前一天開始就沒打給他。我在電話裡向他說，沒什麼好擔心的，並告訴他由於我的手術需要幾個小時才能恢復，所以晚了一點給他打電話。我和他坦承，說我差點就死去了，但現在我從鬼門關溜一圈回來了，嶄新得如同新橋（Pont Neuf）[4]一般。我雖然精神不濟，但基本無虞。照理說他聽到我經過的一切，應該要快馬加鞭趕來探視，但我從短暫的對話中得知，他正被另一件事搞得方寸大亂——他的母親去世了，而他卻毫不知情。這是另外一種悲劇。他仍無法體會，即便是我們最愛的人們，我們最無微不至呵護的人們，也會死亡。只有當你真的經歷到時，才能學會。

一位男護理師領我離開恢復室，並在其他護士面前，給了我一袋冰鎮的藥包，裡頭有三個分格：早晨、中午、晚上，必須重複十次。我向他道謝，但其他人卻笑了。外科醫生說我在手術完後，不用再做什麼處理，在恍惚中，我只擔心這位吊兒啷噹的男護理師，會不會對我照顧不周而已。若寇宏坦能陪在我身邊就

譯註

3 文森．藍東（Vincent Lindon, 1959-）是法國著名演員，曾拿過第六十八屆坎城影展最佳男演員獎（Le prix d'interprétation masculine）與二〇一六年凱薩獎最佳男演員獎。

4 巴黎市內共有三十七道橫跨塞納河的橋，其中最古老的就是這座「新橋」。之所以曰「新」，是它在十六世紀被建造時，就被命名如此。此處是作者的自嘲。

好了——他倆雖性別一樣，但年紀不一樣，或者兩者皆不一樣——希望他不要當我是難纏的病人，來整我就行了。因為感知的倒錯，以上的念頭一閃而逝。我的一位女性朋友，剛好在當地度假。她前來探望我，說醫生在手術前曾問過她，寇宏坦是否是我的兒子。

「不。」她回答道。

「那是他的朋友囉？」醫生再問。

「對。」她回答。

「這位先生看起來很愛妳的朋友。這樣很好。」醫生說。

這段對話讓我開心，展現著毫不掩飾的善意。寇宏坦也對我說，手術進行時，他就坐在走廊等，一直等到手術結束，醫生向他說，一切都順利，只是，我的年紀不像會有一個這樣的兒子。男護理師對我相當好。我很高興這場驚魂發生在國外，遠離國內醫院的官僚腐敗。我想起米歇爾，所有與死亡相關的一切，都讓我想到他。我也想到父親，有句普魯斯特在母喪後的通信中，一再重複的話，在我腦中盤旋：「唯一一件能夠稍加安慰他的事，就是他的母親先他一步而去，不會白髮人送黑髮人。」我滿足地從旅程中返回，在這趟旅程中，我和寇宏坦更加親密了，比迷幻藥所能帶來的精神衝擊，更加地強烈。這不是從朝生暮死的命運中活下來，而是從我獨自死亡的悲慘命運中解脫。

在此之後，我就不再長途旅行了，除了最近我與寇宏坦去了一趟埃及。我們到達旅館的第一晚，接待員看起來很驚訝，並在講電話時說了幾串阿拉伯語。這讓我們把這事與另外一件事聯想在一起：我們才離開房間一分鐘，就有兩個男人扛著一張單人床進房，將之安放在我們房內原先那張大床的旁邊，彼此離得老遠。面對這樣滑稽的舉動，我們卻笑不出來。我與哈席德出遊時，從沒發生過類似的情況。難道是因為哈席德比寇宏坦大上十五歲的關係嗎？或者那是發生在摩洛哥，而埃及的狀況截然不同？我們有些慌了手腳。我覺得不該在這時有太激烈的反應，我忍耐著，給了這兩個工人應得的小費，但在我眼中，他們根本不配拿。無論如何，現下不宜再生事端，我們只要不去睡那張小床即可。第二天下午，房內分機響起，我們兩人正房內獨處，當我接起來時，電話那頭就掛斷了。這激起了我們的焦慮，好像就是為了阻擾我們做愛而打來的。我想著如果寇宏坦和我同姓，旅館的人員就會合理地懷疑我是他的父親，會不會就少盯著我們一點？無論在哪個文化，孩子都是群體生活的通行證，親情可以斷開一切不好的敗德聯想。

這當口，我突然思考著，這樣的我，不可能會有孩子的我，會是個怎樣的父親？有時我會在禮教的攻擊中放棄感情，因為就算不去計較性別，兩個年紀差異懸殊的人，一定被認為是情同父子，要不就是人家說不出口的亂倫。一瞬間，我腦中便閃現著米歇爾仍在世時，我愛他，是因為他是米歇爾，而不是將他當做父親來愛：我對他從沒有忌妒，或任何一丁點的酸言酸語，也從不因他而惱怒，因為沒有人有權去期待，一個完美的兒子，或完美的情人。

我在Google上搜尋貝克特的著作《勝負已分》（*Fin de partie*, 1957）中的一句台詞：「沒有什麼比不幸更加好笑的事了。」時，發現它居然成了論文的題目。在我小時候，這是句帶來歡笑的格言，直到有次貝克特伉儷到我家來晚餐，我和弟弟兩人初次體驗到其中的酸楚。我們總記得，在對話中老是會有一個時刻，對話不再輕鬆愉悅，尤以當天貝克特與妻子蘇珊提起他們生命中許許多多無可避免的災難時。例如有位演員去世了，他在倫敦創造了一個貝克特式的角色，也是第一位讓這樣的劇本，得以在紐約與柏林演出的導演。我父母在這樣悲戚的氣氛中相擁，然而我與弟弟，開心且得意於我們的格言成真，並體會到話中的苦澀時，差點瘋狂大笑。從此之後，我總是能在印證這句格言時，差點笑出來，當我成人之後，身處墓園之時。

認識哈席德後，有天我告訴他，身旁有位不太熟的朋友去世了，他居然笑了。第一次，他讓我驚訝，但還不到震驚的程度。他的笑裡沒有絲毫惡意，也不帶諷刺。他只是察覺到，在死亡的悲劇與我可以承受的痛苦間，所存在的不和諧。他也能在聽到有意無意說出的「我愛你」時，露出誇張的表情。他是如此地忠於關係的現實，以致於一切變故對他而言，都是怪特的。

打從我認識他起，便暗自擔心他父親的死亡。我害怕哈珊二世（Hassan II, gr 1961-1999）[5]的駕崩，以及其過世對哈席德與摩洛哥的影響。然而我搞錯了，哈

——譯註——

5 摩洛哥前任國王，也有一位兒子叫「哈席德」，也就是哈席德王子（Moulay Rachid, 1970-），恰巧與作者的伴侶哈席德．歐（Rachid O, 1970-）同年同地生，但自然並非同一人，只是一度造成作者誤會。

席德不是摩洛哥王儲，僅僅是名字相同。但哈席德的父親仍然是位卓越、了不起的傳奇人物。我從未見過他，只在哈席德與他的對話，以及在哈席德的書中讀到他。幾年前哈席德對我說：

「你和我父親很像：你們都衷心地為我好。」這讓我深受感動。

這樣的對比是片面的。我們都知道，我倆的連結並非父與子。但他對他的父親的感情，並不像我，當中沒有絲毫的矛盾糾葛，在他的父子關係中沒有粗俗與尖酸刻薄的部分。至少我看來完全沒有，因為哈席德知道如何塑造這樣的角色。他在自己的小說《留下來的》（*Ce qui reste*, 2003）中提過一個場景，他之前就曾當面告訴過我，令我十分動容。

你剛剛喊我：「哈席德，我的兒子，來吃飯了。」我喜歡你喊我「我的兒子」，我可以立即感受到自己舒了一口氣，彷彿解放了。這很瘋狂，我知道自己讓你無法安寢。在向你訴說不久之前，一個大約二十五歲的讀者，在巴黎某個購物中心把我攔下來，因為他認出我，並對我說：「你是哈席德．歐瑪？你的父親還好吧？我只是好奇而已，就這樣，謝謝。」我停下腳步，躲在樓梯下哭泣著。人們盯著我看，因為有些熾熱的淚從我體內湧出，出乎我的意料之外。

這樣的父子之情，讓我熱淚盈眶。若有人對我提出同樣的問題，在同樣的場合，還藉文學表達出對活著的人的感情，我會相當感動。從與自己父親的感情中迸生文字，是身為作家的幸福。

我並不知道他家對我的認識有多少。哈席德也沒有對家人說起，以上這段敘述中的善意讓我感動。但文字出版的幾週後，他向我複述他父親在信件中的回覆：「他比你年紀要大。你最好在他需要你時，隨侍在他的左右。」我感覺自己浸淫在祝福之中。

但是這份祝福無法再更進一步了。哈席德的父親驟然離世，哈席德打電話給我，說要去奔喪。這時他才剛剛騰出時間，動身回摩洛哥去看看父親，不料一踏上故鄉，就接到噩耗。他的痛苦光從話筒另一端聽著，就令我感同身受。我卻陷入了不安，他不打電話給我，我無法分享他的痛苦，但我準備好安慰他，哪怕只有一點點。但我的父親已死，我不知道要說什麼，我感覺到榮幸，因為我感覺自己的心緊緊依偎著他的感受，在緊緊相依、在滿滿的愛中被輾壓粉碎。愛是痛楚最上等的導體，如電般飛速傳遞。我的想像力無用武之地。是的，我們所愛的人終將死去，並且再也不復生。現實是駭人的。我們再也找不到合適的幽默來品嘗不幸，在那句不適宜的笑話中。

當哈席德回到巴黎，我終於不需透過電話，就能和他說話了。當我直截了當地說出「你父親的死」時，他只是微微一笑，看得出來仍處在悲戚中。因為即便我愛哈席德，而我也愛過我的父親，但他父親的死，是屬於他一個人的。無論我的經驗如何，他的痛苦對我而言，是無法揣度的。我無能為力。一種恐懼將我與他連接起來。這種恐懼，即是「愛」。我對父親與米歇爾也是一樣，對寇宏坦與傑哈爾亦同；都源自於害怕，或者恐懼。但恐懼並不能阻止不幸發生在所愛之人身上。就好像我不會因為無法成為愛人的父親，而感到高興，在他們的生命中，我終究也不能什麼都不是。就心理學來看，我不想成為他們的父親，是因為我身不由己地體驗了親情中的較壞的一面，那份屬於親情的責任，會讓我抗拒、擔憂，並錯誤解讀。我必須借助別人的幫助，才能走出陰霾。

寇宏坦似乎也沒有很在狀態上，他人生遇到了瓶頸——他是個年輕人。他不知道如何規劃他的人生，該做什麼。他害怕學業不但會搞砸他現在的生活，最後還落得一場空。他向二房東分租的房間很糟，只好匆匆搬家，他的聰明才智，從來就不曾讓他的人生變得輕鬆，他更不敢想像未來將要靠什麼維生，一想到就壓力遽增。沒有什麼能使他依戀，因為所有事物都在遠離他。而我徒勞無功地奔忙，希望他能改變他的精神狀態，但每當我試圖敲醒這位偶爾會陷入沮喪的小頑固，我自己的混亂及被他惹起的煩躁，每每只讓情況越發糟糕。

「我的人生不是齣讓人灰心的劇碼，」一晚，他帶著笑容對我說，他的喜悅也感染了我。從那天開始，一切變得簡單許多。聆聽他，讓他暢所欲言，不給他壓力已經很好了，如同當年的我，同樣的青春危機，而米歇爾也是這樣認真對待我。寇宏坦的青春，與米歇爾的年老，兩種不同的人生，年齡差距如此之大，而我在關係中總是受教的一方。我是小說中，那個永遠在學習的角色，一再地被教育。

哈席德與寇宏坦，我感受到他倆敏銳的洞察力，如同一種跨越世代的聯繫。因為這就是現實規則，世代中最年輕的一輩早已明白，同性戀的行為，並不受道德管轄，而是由最老的一代的偏執及意見來主宰。即便被強迫著放棄這個性向，他們還是想保護自己的大哥，也就是我。我年輕時，也想過千百次要這麼做。我當然無法取代米歇爾，但若有可能，我想讓他認識哈席德與寇宏坦，希望藉此幫助他們，因為米歇爾肯定能做得比我好。當然不需要活到像他那樣的年紀，才能成為像他那樣的人，而是必須成為他。我感覺哈席德與寇宏坦，甚至我，三人都走在《快感的享用》與《自我的關注》二書所揭示的理路上。這兩本書在米歇爾去世前幾天出版，他曾在這兩本書上如此賣力地耕耘。寇宏坦已經兩本都讀完了，哈席德還沒有。當我聊起米歇爾，他們兩個聆聽的模樣，讓我好生喜歡。我也想要複製米歇爾的教導到他們身上，但也強迫自己，停止去妄想超出自己能力的事。某種程度上，歷史機械化地自我重複，米歇爾也同樣經常讓我思考，在一場精神分析診療中，比諸分析的過程，分析的品質只能擺在第二位。米歇爾與父親兩個人，都分別向我傳達一種愛的方式，不是嗎？兩個人一道，展現其中的雙重性：我們如何愛人，以及我們如何被愛。

總會有些人，喜歡在我面前提起他與我父親的關係。但這樣的作為，對我父親本人而言是諂媚的。而據他本人親口描述，他壓根兒就不覺得值得為此驕傲。而我只要一碰上，便感到侷促不安：不應該是由我，來解開這個父親故意留下、並不斷滋長的誤會，或在他去世以後，還去更正他的行事作風。一天，有位只見過米歇爾不超過三面的人，向我提到，他曾與米歇爾談到過我與我父親的事，認為帶給我足夠的諂媚暗示。我只感到這人粗俗不堪且讓我震驚不已，卻也不便再說什麼。畢竟，我很清楚，只有米歇爾才值得我對其忠實以待，而不使我父親的名字蒙羞，更是我公開的志業。無論在十歲、二十歲、四十五歲或五十五歲，我都是為人子，而米歇爾絕不會是當時八歲的那人的朋友。然而所謂父子之情，正是既愛自己的孩子，又要孩子受他支配。

對知識的渴求，難道僅僅只為了保證知識內容的取得？而不是某種程度下竭盡全力地，只為了使認識的主體迷失？在生命中總有些時候，只有在我們可以另類思考我們所無法思考的，或者另類知覺到我們所看不到的，這樣的知識疑難，正是我們繼續思考與觀看所不可或缺的。

米歇爾在《快感的享用》前言裡這麼寫道，這段文字正是我倆關係的寫照。我仍記得剛讀到時被深深震撼，卻發生在讀到以下《詞與物》(*Les mots et les choses*, 1966）前言中句子之前。在裡頭米歇爾以一個在波赫士（Jorge Luis Borges, 1899-1986）小說中怪異分類讓他發笑的原因，給出評論：「完全不可能那樣思考的，赤裸裸的不可能性。」另類思考，也同時意味著他與我們共同度過的時光，更是他在迷幻藥中尋找的。艾維與我，在哲學領域中無法在學問上追隨米歇爾，反倒更敏稅地察覺到他需要幫忙之處，讓他感受到自己的不足，或者對新的思考線索的發想，因為這是一種在形式上能與他的思維匹配，卻少了智慧與勇氣的方式。這即是我在丹尼葉身上明確看到的特質，他分享哈席德的人與作品是如何讓他驚喜。活著，即是要另類活著。

米歇爾的遺產，是創造這種無法想像的關係，以及將之層層累加，並同時發生。一方面，沒有什麼能比這樣的忠實更令我動容，另一方面，忠實對我來說是一種不道德的懶散。米歇爾就愛與那一千多名伴侶廝混，使他看起來像個惡行惡狀的唐璜，三年內他不知與多少男同志每晚廝混。對我來說，去奢望他在性上的忠實，是一種侮辱。

在青少年時期，大多數卓別林（Charlie Chaplin, 1889-1977）的膠卷，都因為版權問題而被禁止放映。我還記得事隔多年，一次重新剪輯後的首映。裡頭卓別林扮演的角色：夏洛特回到自己家，打開大門時，不穩的大梁落下，砸中他的腦袋。這場景重複了三五次，因為每一次夏洛特都用不同的方法去開門，直到他終於發現不管他如何地小心，仍然改變不了頭被砸到的結果。小心翼翼地開門是無用的，他因此接受了大梁就是會砸到頭上的事實。我很愛這個笑點。隔天，因為這部電影事隔多年，又回到大銀幕上，《週日報》（*Le Journal du dimanche*）採訪一群年輕的觀眾，其中一位覺得這部影片值得讚美，除了那個大梁的笑料重複太多次之外。我深深感覺，自青少年時就養成獨特品味被恭維了，是如此地原創。

之後，我將這段場景提取為一個空間的比喻。對我，笑料的本質寓於重要性，觀眾被夏洛特那心不在焉，永遠都不記得有大梁砸頭危險的模樣而吸引。然而，當他一點一點推開門，因為他正記起了有危險可能降臨，大梁卻從沒少給他迎頭痛擊。大梁掉或者不掉，不會因為他的小心翼翼而改變。夏洛特有所不知，這是取決於開門的角度。當門超過了容許的角度，那怕只差了半度，大梁就會落下來，無論夏洛特是否擔心。當我還年輕時，我自認很聰明。隨即，我又同時覺得自己很笨，但察覺到這樣的矛盾對我來說，正是聰明的明證。我後來只能發現自己的愚昧，當我發現自己很笨時，我就是笨，知不知道這件事，並不會改變笨的事實。

某種程度而言，我是個戀屍癖：我堅持去愛死人。像一個青少年沉溺於自瀆，完全不能自己。戀屍癖卻不是邪惡的性向，而是一種充滿感染力的病徵。我藉由獨攬這本書的話語權，所欲傳達的，都是我自身的愛。我很幸運，在年輕時，我所愛之人的死亡尚離我很遠。然後時候到了，我被迫去面對之。米歇爾的死亡，就像是根挾帶廣大未知的大梁，痛擊著我的腦袋，與整副軀體。而我已經使自己全然適應了這種衝擊。年老時，死亡彷彿也漸趨和緩。但每個人都知道，藉由記憶或者聯想，死亡將重獲其殘酷性。我最後一次去沃日拉爾路那，在與丹尼葉外出晚餐前，一陣令人不快的聲音，充斥在我的拜訪過程中。我向丹尼葉提起這聲音，他解釋，這是因為電梯被重新啟用了，過去大樓管委會並不急著修理這電梯，如今終於修復了。一陣荒謬的哀傷將我淹沒——那原先是馬勒角落的地方，已然在這個原因下，永不復存在。

我原先打算以一種能激起米歇爾與父親情緒的筆觸，來寫這本書。但也只有在他倆完全不可能閱讀到本書的狀況下，我才得以有適當的情緒下筆。這是件自我矛盾的事。讓我想起一則冷笑話：一隻狗的主人，相當寵愛他的狗，竟在死前惋惜於不能將自己的血肉，親手餵牠吃——無論是前者、還是後者，都是關於愛的故事。

譯後記

關於書名

本書法語原書名為 *Ce qu'aimer veut dire*，直譯成中文是「所謂愛就是……」，或者「這就是愛」。這裡的「愛」，可以當名詞，可以當動詞，也就是「去愛」，原文中以動詞的不定式呈現。而整個子句中被代換的是補語，也就是「愛是什麼」的內容，為全句的唯一不可知，也正是這個子句存在的目的：將這個條件子句的內容存而不論，打包放入語句中，做為主語或賓語；又或者在特定時刻或條件下，將這個存而不論的包裹打開。

這裡作者採取的，較不是一種勵志書籍的筆法，去定義愛為何物。這裡的「所謂愛」，並非去完善愛的內在意涵，而是比較偏向「愛」是如何被異化與拆解。若普遍對愛的概念是一張建築藍圖，那麼這裡所欲表現的，就是這棟建築千百種倒塌的可能。這正是作者在第二章一開始所述：大量閱讀有關愛的文學作品、歌曲、電影，以保證自己不會形成對愛的定見。因為愛從來就不是狠狠握在手中之物，而是向外廣延、無法取得穩定反應鏈的存在。愛一個人，若是尊重，給他／她最大的空間，我們則無法期待回饋與效果；然若因愛產生的占有，也要等待偏斜的情感事過境遷後，那份複雜的感情才足夠成熟，得以細細品味。因此當下的愛，無論同性、異性、父子、精神上的交會，都在時間裡取得足夠的厚度，然後僅此一次地，撼動靈魂，讓人熱淚盈眶。書中被作者明確愛上的，除了他一個又一位的情人外，最重要的是他生命中的兩名長輩。一位是他的親父，前子夜出版社總編輯傑洛．藍東，另一位，則是大名鼎鼎的哲學家，以《瘋狂史》、《知識型》、《權力關係》、以及《性史》蜚聲五十年不墜的米歇爾．傅柯。

沃日拉爾路，精神上的異鄉

在找尋米歇爾．傅柯相關的資料時，我卻意外遇見嚴格意義上的「另外」一本書——有哪一位讀者，甚至是作者，沒有這種經驗呢？

本書並非傅柯的傳記，也不是針對其思想的介紹專書，甚至不是關於他的醜聞、性向、用藥等等八卦的野史。本書的定位有些不倫不類：既非關傅柯，也非非關傅柯，傅柯不是本書主角，卻無處不在。

這是關於一戶公寓的故事。

這戶公寓是作者走到生命中的岔路，惶顧四周時，得以暫時歇腳的避難所。他的生命因此轉換型態，埋葬了自己早夭的青春——更年輕時的他，像個封閉自我的獨居老人，深埋於閱讀之中。他的青春開始於與友人的相遇，卻隨著傅柯的死告終。短短六、七年，人生在一處實際的空間，歷經幾番重大的翻轉，以傅柯的詞彙來說，此地為一異托邦（l'Hétérotopie）。不同於烏托邦（l'Uotpie），表現出我們所不是、所不在的虛像，異托邦則是藉由一個實際或者虛構的場域，承載示現一種諸異質力量交會的關係，彼此干涉，並使得這處力量織就的虛擬版圖，得以發生一個現實的效應。這處傅柯坐落於巴黎東南的公寓，不僅是孵育他許多大作的所在，也有過許多住客。他們來來去去，在這獨立於市廛的避難所，進行精神與身體的嬉戲，或者將兩者合而唯一的探索，也就是嗑迷幻藥、施打毒品，享受藥物帶來的歡愉與超清醒（迷幻藥會強化感官能力），因藥物而加固了彼此的羈絆，卻也承受了藥物帶來的殘酷後果。歡愉在此反倒少見，服藥與性愛在慵懶與徬徨下，只是某種平庸消遣，像是聲光與娛樂性都不甚出色的手機遊戲，卻會吸引你一直玩下去。

因為用藥與性向之故，提供住處的傅柯即便不在場，也與這位小兄弟的人生糾纏日深。然而作者馬修・藍東與傅柯的關係，並非《神曲》（*Divina Commedia*, 1472）中，但丁受精神上的師父，羅馬詩人維吉爾引導，穿越地獄的景況，亦非電影《小子難纏》（*Karaté Kid*, 1984）中，一個小魯蛇受退休的空手道大師訓練，最終得到冠軍自我肯定的神話。而是電影《大智若魚》（*Big Fish*, 2004）式的，從故事一開始，就面對到一位已經走在衰敗與死亡的最後幾哩路上的長輩，我們透過死亡與虛構，將與他的關係，透過被曲扭過的現實，變得適宜擁抱。這個共乘就發生馬修筆下的沃日拉爾路公寓中。傅柯對馬修來說，既非師父（傅柯沒有給他任何哲學或文學上的直接影響）、亦非伴侶（馬修與傅柯沒有性的連結）、更非偶像（偶像不會下凡帶你吸毒），傅柯充其量只能算是個損友，對馬修可說是極端寵愛，幾乎拿出自己的所有，給他逃避自己那個世俗又保守迂腐的親父——然而最奇妙的點正在此，作者並未就此成功逃避，因為他人生半數以上的糾葛，都和自己的父親相關，他卻很開心父親在此處現身，即便僅僅是在話語中。原因是沃日拉爾路公寓，本來就不是代替家庭的中途之家，也非收編少年的賊窩，而是馬修同時在心靈與現實開闢出的一處異鄉，但卻並非在異鄉找到回家的折返點，而是複製家庭功能，並架空家庭功能的一處怪異空間。在這裡有家人，但可以隨時形同陌路；這裡像避風港，卻又隨時因為主人回家而要打包走人；同性戀構成的虛擬的血緣關係，卻只是個人與個人的連結，而無法形成包含親疏遠近的家族。沃日拉爾路做為齊備家庭因素，卻又讓家庭在此瓦解的畸形複像，不正是滿嘴掛維護家庭，卻厭惡家庭的親父的寫照？而相反地，米歇爾幾無家庭生活，甚至常常不在家，卻讓作者感覺只要有他氣息的地方，就是家。

米歇爾給了馬修一個異鄉，一個家的複像，他既不是他的家人，也不能不算他的家人，馬修只能愛他，除了親暱地喊著「米歇爾」，無法言喻自己與傅柯的關係。這讓我們想起他們相識初期，傅柯曾提議能否親吻馬修，然而馬修斷然拒絕：「不！」這個從未實現的吻，巧妙地讓他倆成了被轉轍器錯開的兩輛火車，以一種平行的關係，乘著同一道風，一前一後奔向生命的終站。

小結：獻給兔子們

本書翻譯付梓之前，適逢傅柯遺作，性史第四冊《肉體的告白》（*Les aveux de*

la chair）出版，其中一段文字，似乎與本作遙相呼應

在自我告罪（exagoreusis）的活動中，有一個盤根錯節的裝置部署。在此，一項無止盡深入直到靈魂內在的工作在此展開，並搭配著在向他人訴說中，一種持續的外在化必要。因此，對自我真理的研究，應該建構在某種程度的自我之死上。[1]

譯者資歷尚淺，能力不足，在此也必須向自己與讀者告罪，力有未逮，未能將原文精妙之處完美譯出。作者教科書般地操弄著法語中各式片語俚語，表達方式之奇，足堪將他小說最幽微細緻的思維轉折展現出來。因此，翻譯本書的挑戰甚為艱鉅，尤其是對於嗑迷幻藥後的精神狀態描寫，更是常令譯者徹夜推敲文義，搞得自己比嗑藥後的副作用還慘。但這份意外而奇異的經驗，就像奇險無比的旅程，幸好，譯者的身旁，有位可靠而善解人意的隊友——責任編輯。沒有她，本譯作可能無法問世，是她讓譯者意外挖掘出本書的可貴，並在痛苦的翻譯過程中，給予支持與督促，使譯者能夠超越自身的極限。也因為她的潤飾與資料

補充，本書的面貌得以更加完備。僅以此翻譯，獻給對傅柯、多元性別感興趣的讀者，以及在生活中迷茫中尋找異鄉的「兔子們」，但願本書能成為你們的兔子洞。

吳宗遠 二〇一八年三月二十日 於巴黎

譯註

1 FOUCAULT, Michel, 2018, *Les aveux de la chair*, « Histoire de la sexualité » tome 4, P145, éditions Gallimard, Paris.

國家圖書館出版品預行編目資料

哲學家傅柯的公寓｜馬修．藍東（Mathieu Lindon）著；吳宗遠 譯
初版. -- 臺北市：商周出版：家庭傳媒城邦分公司發行
2018.04 面； 公分

譯自：*Ce qu'aimer veut dire*

ISBN 978-986-477-427-2（平裝）

1. 傅柯 (Foucault, Michel) 2. 傳記

146.79 107003425

哲學家傅柯的公寓

原著書名／*Ce qu'aimer veut dire*
作　　者／馬修．藍東（Mathieu Lindon）
譯　　者／吳宗遠
企畫選書／賴芊曄
責任編輯／賴芊曄

版　　權／林心紅
行銷業務／李衍逸、黃崇華
總 編 輯／楊如玉
總 經 理／彭之琬
發 行 人／何飛鵬
法律顧問／元禾法律事務所 王子文律師
出　　版／商周出版
台北市 104 民生東路二段 141 號 9 樓
電話：(02) 25007008　傳眞：(02)25007759
E-mail：bwp.service@cite.com.tw
Blog：http://bwp25007008.pixnet.net/blog
發　　行／英屬蓋曼群島商家庭傳媒股份有限公司城邦分公司
台北市中山區民生東路二段 141 號 2 樓
書虫客服服務專線：(02)25007718；(02)25007719
服務時間：週一至週五上午 09:30-12:00；下午 13:30-17:00
24 小時傳眞專線：(02)25001990；(02)25001991
劃撥帳號：19863813；戶名：書虫股份有限公司
讀者服務信箱：service@readingclub.com.tw
城邦讀書花園：www.cite.com.tw
香港發行所／城邦（香港）出版集團有限公司
香港灣仔駱克道 193 號東超商業中心 1 樓
E-mail：hkcite@biznetvigator.com
電話：(852) 25086231 傳眞：(852) 25789337
馬新發行所／城邦（馬新）出版集團【Cite (M) Sdn. Bhd.】
41, Jalan Radin Anum, Bandar Baru Sri Petaling,
57000 Kuala Lumpur, Malaysia.
Tel: (603) 90578822 Fax: (603) 90576622
Email: cite@cite.com.my

封面設計／許晉維
排　　版／極翔企業有限公司
印　　刷／韋懋印刷事業有限公司
經 銷 商／聯合發行股份有限公司
電話：(02) 2917-8022 Fax: (02) 2911-0053
地址：新北市 231 新店區寶橋路 235 巷 6 弄 6 號 2 樓

■ 2018 年（民 107）4 月初版　　Printed in Taiwan
定價 380 元

城邦讀書花園
www.cite.com.tw

商周出版

廣	告	回	函
北區郵政管理登記證			
北臺字第000791號			
郵資已付，免貼郵票			

104　台北市民生東路二段141號2樓

英屬蓋曼群島商家庭傳媒股份有限公司城邦分公司　收

請沿虛線對摺，謝謝！

商周出版

書號：BA9021	書名：哲學家傅柯的公寓	編碼：

請於此處用膠水黏貼
請於此處用膠水黏貼

商周出版

讀者回函卡

感謝您購買我們出版的書籍！請費心填寫此回函卡，我們將不定期寄上城邦集團最新的出版訊息。

不定期好禮相贈！
立即加入：商周出版
Facebook 粉絲團

姓名：＿＿＿＿＿＿＿＿＿＿＿＿＿＿＿＿＿＿ 性別：□男 □女

生日：西元＿＿＿＿＿＿年＿＿＿＿＿＿月＿＿＿＿＿＿日

地址：＿＿＿＿＿＿＿＿＿＿＿＿＿＿＿＿＿＿＿＿＿＿＿＿

聯絡電話：＿＿＿＿＿＿＿＿＿＿ 傳真：＿＿＿＿＿＿＿＿＿＿

E-mail：

學歷：□ 1. 小學 □ 2. 國中 □ 3. 高中 □ 4. 大學 □ 5. 研究所以上

職業：□ 1. 學生 □ 2. 軍公教 □ 3. 服務 □ 4. 金融 □ 5. 製造 □ 6. 資訊

□ 7. 傳播 □ 8. 自由業 □ 9. 農漁牧 □ 10. 家管 □ 11. 退休

□ 12. 其他＿＿＿＿＿＿＿＿＿＿＿＿＿＿＿＿＿＿＿＿

您從何種方式得知本書消息？

□ 1. 書店 □ 2. 網路 □ 3. 報紙 □ 4. 雜誌 □ 5. 廣播 □ 6. 電視

□ 7. 親友推薦 □ 8. 其他＿＿＿＿＿＿＿＿＿＿＿＿＿＿＿

您通常以何種方式購書？

□ 1. 書店 □ 2. 網路 □ 3. 傳真訂購 □ 4. 郵局劃撥 □ 5. 其他＿＿＿＿

您喜歡閱讀那些類別的書籍？

□ 1. 財經商業 □ 2. 自然科學 □ 3. 歷史 □ 4. 法律 □ 5. 文學

□ 6. 休閒旅遊 □ 7. 小說 □ 8. 人物傳記 □ 9. 生活、勵志 □ 10. 其他

對我們的建議：＿＿＿＿＿＿＿＿＿＿＿＿＿＿＿＿＿＿＿＿

＿＿＿＿＿＿＿＿＿＿＿＿＿＿＿＿＿＿＿＿＿＿＿＿

＿＿＿＿＿＿＿＿＿＿＿＿＿＿＿＿＿＿＿＿＿＿＿＿

【為提供訂購、行銷、客戶管理或其他合於營業登記項目或章程所定業務之目的，城邦出版人集團（即英屬蓋曼群島商家庭傳媒（股）公司城邦分公司、城邦文化事業（股）公司），於本集團之營運期間及地區內，將以電郵、傳真、電話、簡訊、郵寄或其他公告方式利用您提供之資料（資料類別：C001、C002、C003、C011 等）。利用對象除本集團外，亦可能包括相關服務的協力機構。如您有依個資法第三條或其他需服務之處，得致電本公司客服中心電話 02-25007718 請求協助。相關資料如為非必要項目，不提供亦不影響您的權益。】

1.C001 辨識個人者：如消費者之姓名、地址、電話、電子郵件等資訊。
2.C002 辨識財務者：如信用卡或轉帳帳戶資訊。
3.C003 政府資料中之辨識者：如身分證字號或護照號碼（外國人）。
4.C011 個人描述：如性別、國籍、出生年月日。

請於此處用膠水黏貼